구글 엔지니어는 아무도 믿지 않는다

제로 트러스트

ZERO TRUST GOOGLE GA ERANDA SAIKYO NO SECURITY
written by Yukihiro Katsumura
Copyright © 2021 by Nikkei Business Publications, Inc.

All rights reserved.
Originally published in Japan by Nikkei Business Publications, Inc.
Korean translation rights arranged with Nikkei Business Publications, Inc.
through Danny Hong Agency.

구글 엔지니어는 아무도 믿지 않는다 제로 트러스트

1쇄 발행 2022년 10월 28일

지은이 가쓰무라 유키히로
옮긴이 이민성
펴낸이 장성두
펴낸곳 주식회사 제이펍

출판신고 2009년 11월 10일 제406-2009-000087호
주소 경기도 파주시 회동길 159 3층 / **전화** 070-8201-9010 / **팩스** 02-6280-0405
홈페이지 www.jpub.kr / **원고투고** submit@jpub.kr / **독자문의** help@jpub.kr / **교재문의** textbook@jpub.kr

소통기획부 김정준, 이상복, 송영화, 권유라, 송찬수, 박재인, 배인혜
소통지원부 민지환, 이승환, 김정미, 서세원 / **디자인부** 이민숙, 최병찬

진행 권유라 / **교정·교열** 김은미 / **내지디자인** 최병찬 / **표지디자인** nu:n
용지 에스에이치페이퍼 / **인쇄** 한승문화사 / **제본** 일진제책사

ISBN 979-11-92469-49-2 (93000)
값 19,800원

제이펍은 독자 여러분의 책에 관한 아이디어와 원고 투고를 기다리고 있습니다. 책으로 펴내고자 하는 아이디어나 원고가
있는 분께서는 책에 대한 간단한 개요와 차례, 구성과 지은이/옮긴이 약력 등을 메일(submit@jpub.kr)로 보내주세요.

ZERO TRUST

구글 엔지니어는 아무도 믿지 않는다

제로 트러스트

가쓰무라 유키히로 지음

이민성 옮김

Jpub
제이펍

차례

CHAPTER 1 제로 트러스트란 무엇인가 ——————— 1

지은이·옮긴이 소개

지은이

가쓰무라 유키히로 勝村 幸博

1997년 닛케이BP에 입사해 주로 보안이나 인터넷 기술을 취재했다. ITpro(현 닛케이xTECH), 닛케이PC, 닛케이컴퓨터 등의 편집부를 거쳐 지금은 닛케이네트워크의 편집장이다. 닛케이xTECH에서 '오늘도 누군가는 노려진다'를 연재 중이다. 저서로 《컴퓨터 바이러스 위협의 메커니즘》, 《눈앞에 있는 사이버 공격의 덫》 등이 있다. 공학박사 학위와 정보보안관리자 및 정보처리안전확보지원사 자격증을 보유하고 있다.

옮긴이

이민성 qqaa787@naver.com

네트워크 엔지니어로 일하고 있다. 풀스택 인프라 엔지니어를 목표로 공부하는 한편, 국내에 인프라 관련 도서가 많지 않아 학습에 불편함을 겪는 사람들에게 도움이 되고자 좋은 책을 소개하는 일도 꾸준히 하고자 한다. 옮긴 책으로는 《네트워크 운용 및 유지 보수의 모든 것》(제이펍, 2022), 《DNS 실전 교과서》(제이펍, 2021)가 있다.

옮긴이 머리말

이 책의 주제인 '제로 트러스트'는 구글 엔지니어가 고안해낸, 무엇도 신뢰하지 않고 먼저 검증한다는 개념입니다. 이 개념은 사실 몇년 전에 등장했지만, 그 존재나 뜻을 알기 어려웠습니다. 그 이유는 아마도 제로 트러스트라는 개념이 등장했을 때가 지금보다는 재택근무의 보급이나 보안 위협이 적었기 때문일 것입니다. 최근에는 디지털 전환의 고도화 또는 코로나바이러스감염증(COVID-19)의 등장으로 인해 재택근무와 같은 업무 환경의 변화가 일어나, 사내 네트워크만 잘 지키면 충분하다는 생각을 바꿔서 개개인의 컴퓨터와 클라우드 내의 보안까지 챙기게 됐습니다. 이런 상황에서 요구되는 개념이 바로 제로 트러스트입니다.

이 책은 입문서이므로 제로 트러스트를 최대한 알기 쉽게 설명했습니다. 적어도 제로 트러스트를 왜 구현해야 하며 어떤 요소들로 구성되는지 이해하기를 바랍니다. 그리고 구체적으로 어떠한 소프트웨어나 장치를 사용하여 제로 트러스트를 구축하는 모습까지 보여주지는 않습니다만, 독자 여러분이 앞으로 제로 트러스트를 계획할 때 첫 단추로 사용되면 좋겠습니다.

이민성

추천사

제로 트러스트는 세계적 흐름입니다. 2021년 5월, 미국 바이든 대통령의 행정명령 등을 통해 확인할 수 있듯, 이미 세계는 제로 트러스트로의 변화를 시작했습니다. 우리나라 역시 COVID-19 이후 사회 전반에서 디지털 대전환이 촉진됨에 따라 새 시대에 적합한 보안 패러다임인 제로 트러스트로의 전환이 요구되고 있습니다. 이 책은 제로 트러스트 구현에 직접적으로 참여하는 관계자들에게 실질적인 도움을 제공합니다. 사이버 보안에서 기본 상식이 될 제로 트러스트에 대해 쉽게 이해하고 싶고, 제로 트러스트 아키텍처 구현에 관심이 있는 분들께 이 책을 적극적으로 추천하는 바입니다.

권헌영, 고려대 정보보호대학원 교수

COVID-19로 인한 WFA(work from anywhere), 클라우드 시스템의 발전으로 인해 더 이상의 경계 보안이 어려워졌습니다. 이 시기에 가장 선진적인 보안 시스템을 구축한 업체 중 하나인 구글의 제로 트러스트 구현 사례를 누구나 쉽게 이해할 수 있도록 기본적인 지식에서부터 최근의 주요 사이버 공격까지 친절하게 설명한 책으로, 기존 레거시 보안에 지친 이들에게 추천합니다.

문광석, 과기정통부 사이버보안전문단, 코리안리재보험 보안담당

최근 많은 보안 회사의 제품이 제로 트러스트 기술로 소개되고 있지만, 아직도 제로 트러스트라는 개념은 막연하게 느껴지는 실정입니다. 이 책은 제로 트러스트의 콘셉트와 연관된 기술을 설명해 제로 트러스트의 입문서로 좋을 뿐 아니라, 현장의 담당자에게도 실무 길라잡이로 좋은 자료입니다.

이동범, 한국정보보호산업협회 회장, 지니언스 대표이사

베타리더 후기

 김용현(Microsoft MVP)

제로 트러스트를 구성하는 요소, 기본적인 개념, 과거 경계 보안과의 차이점을 일목요연하게 비교 설명하며 쉽고 빠르게 이해할 수 있도록 구성되었습니다. 보안에 대하여 심도 있는 지식이 없어도 최근 보안 트렌드를 업데이트하고 싶은 IT 업계 종사자와 취업 준비생에게 추천합니다.

박기훈(사이버원)

COVID-19 이후 재택 및 원격지 근무가 급격하게 증가하였으며, 클라우드 솔루션의 활용이 늘어나면서 모바일 기기에 대한 보안 사고와 이슈가 발생하고 있습니다. 이 책은 이에 대한 개념은 물론, 해법까지 제공하고 있습니다. 개념을 직관적으로 이해할 수 있도록 쉬운 예시와 함께 설명하는 것이 이 책의 장점입니다. 새로운 보안 방안과 해법 역시 최신 기술을 반영하고 있고, 클라우드 시대에 적합한 제로 트러스트 기술과 도입 절차까지 제공하고 있어 강력히 추천합니다.

 양성모(현대오토에버)

클라우드와 재택근무는 회사의 시스템을 좀 더 많은 보안 위협에 노출시켜 보안 담당자와 시스템 운영자에게 마냥 달갑지만은 않습니다. 하지만 피할 수 없는 흐름이기에 이에 대응하는 보안 방식을 새로이 도입하고 있습니다. 이 책은 '제로 트러스트'라는 새로운 보안 방식의 개념과 관련 기술을 설명하고 있습니다. 클라우드를 사용하고 재택근무를 하는 모든 사람에게 이 책이 도움이 될 것입니다.

이현수(글래스돔코리아)

타사와 서비스 연동을 할 때면 상대 회사에서 꼭 IP 주소를 요구해서 화이트리스트에 등록합니다. 어떤 회사의 보안팀은 인바운드 트래픽을 방화벽으로 깐깐하게 차단하면서 아웃바운드 트래픽에 대해서는 전혀 신경 쓰지 않는 경우도 있습니다. 심지어 내부망에서는 전송 보안이 필요 없다는 생각을 가진 분도 더러 있었습니다. 이런 것들이 얼마나 형편없는 보안 구멍인지 이 책을 읽어보면 확실히 느낄 수 있습니다.

 정태일(삼성SDS)

제로 트러스트의 개념이 추상적이고 모호하게 느껴졌었는데, 기존 경계 방식과 비교하며 간결하고 이해하기 쉽게 설명해 도움이 많이 되었습니다. 제로 트러스트를 빠르게 이해하고 도입하고자 하는 분들께 추천합니다.

제이펍은 책에 대한 애정과 기술에 대한 열정이 뜨거운 베타리더의 도움으로
출간되는 모든 IT 전문서에 사전 검증을 시행하고 있습니다

머리말

아무것도 신뢰하지 않는다는 의미를 지닌 새로운 보안 방식 '제로 트러스트Zero Trust'에 기반한 업무 시스템이 빠르게 도입되고 있다. 네트워크나 컴퓨터 시스템의 신뢰성을 보장하기 위한 방식이지만 '신뢰하지 않는다'는 뜻을 가져 혼란스러울 수도 있다.

제로 트러스트는 컴퓨터 보안에서 주류가 될 사고방식이다. 오늘날 사이버 공격은 점점 교묘하면서 복잡해지고 있다. 제로 트러스트는 사이버 공격의 위협에 효율적이면서도 유효하게 대처하고자 고안됐다. 또한 많은 기업에서 경제성이나 편의성 면에서 기존 업무 시스템을 클라우드로 전환하고 있는 점도 또 하나의 이유다. 여기에 더해 2020년 세계적으로 크게 확산된 COVID-19로 많은 기업이 본격적으로 원격 근무를 도입한 것도 큰 이유다.

더욱 심해진 사이버 공격과 클라우드로 전환된 업무 시스템에 쉽게 대응할 수 있으면서 원격 근무 같은 근무 형태의 변화에도 쉽게 적응할 수 있는 새로운 보안 사고방식이 바로 제로 트러스트다.

이 책은 제로 트러스트의 기초부터 알기 쉽게 설명한다. 제로 트러스트란 무엇이며 왜 필요한지, 어떤 위협에 효과적인지, 제로 트러스트의 실현에 필요한 기능과 서비스는 무엇인지, 제로 트러스트를 실천하는 방법과 지켜야 할 위협에는 무엇이 있는지 등을 설명하며 이해를 돕는다.

조직의 네트워크가 인터넷에 연결되고 인터넷 없이는 업무를 할 수 없는 지금은 모든 조직이 보안에 신경 써야만 한다. 직장인도 마찬가지다. 시스템 관리자나 보안 담당자, 최고정보책임자chief information officer, CIO

는 물론 경영자나 평범한 직장인도 보안을 알아야 한다. 지금은 조직에 속하는 단 한 명의 부적절한 행동이 조직 전체에 큰 피해를 끼치는 시대다.

이 책은 IT를 활용하는 모든 직장인을 대상으로 한다. 조직에서 IT 도입 및 운영 방침을 정하는 경영진이나 보안 담당 직원은 심각해진 사이버 공격과 그 대책으로 도입한 보안 체계의 복잡화, 설비 투자비나 운영비의 증가로 고민하고 있을 것이다. 이처럼 복잡하게 얽힌 과제의 해답이 제로 트러스트다.

컴퓨터를 사용해 업무를 한다면 '사이버 공격'이나 '백신 프로그램', '방화벽'과 같은 단어를 알 것이다. 해당 단어의 의미를 조금이라도 알고 있는 사람도 이 책의 대상이다. 제로 트러스트의 개요나 기술을 설명하고 도입에 필요한 기본적인 지식을 얻을 수 있도록 친절히 설명한다.

제로 트러스트가 무엇인지 알고 싶다면 1장을 보자. 제로 트러스트의 개요와 등장 배경, 어떤 문제를 해결할 수 있는지 파악할 수 있다. 제로 트러스트를 구성하는 기술 요소가 알고 싶다면 1장과 2장을, 한발 더 나아가 제로 트러스트를 실현하는 클라우드 서비스를 알고 싶다면 3장과 4장을 읽자. 제로 트러스트의 구체적인 도입 절차는 5장, 최근 보안을 위협하는 사이버 공격을 정리한 6장도 많은 사람들이 읽기를 바란다.

어느 정도 보안을 안다고 해도 제로 트러스트에 필요한 클라우드 서비스의 명칭에는 익숙하지 않을 수 있다. 그렇기에 이 책에서는 되도록 영어를 병기했으며, 이미 등장했던 용어라도 각 장에서 다시 설명했다. 비슷한 명칭이 많아서 헷갈릴 수 있다. 익숙해질 때까지

몇 번이 됐든 반복해서 본다면 이해할 수 있을 것이다. 필요한 장 외에도 모든 장을 읽어보기를 권한다.

제로 트러스트는 어디까지나 사고방식이다. 방화벽 같은 제품명이 아니다. '이 제품만 있으면 제로 트러스트를 실현할 수 있다'는 제로 트러스트 제품은 없다. 이해하는 데 어려울 수 있다. 하지만 내용 자체는 어렵지 않다. 한 번만 이해하면 전반적인 보안 대책을 이해할 수 있을 것이다.

앞으로 제로 트러스트는 보안에서 상식이 될 방식이다. 지금부터 이해해둔다면 많은 도움이 될 것이다. 이 책이 그 도움이 되기를 진심으로 바란다.

가쓰무라 유키히로

제로 트러스트란 무엇인가

주류가 된 '아무것도 신뢰하지 않는' 보안

1장에서는 제로 트러스트란 무엇이며 지금까지의 보안 사고방식과 무엇이 다른지, 어떤 과정에서 등장했는지 설명한다. '제로 트러스트 네트워크 액세스zero trust network access, ZTNA'나 '제로 트러스트 시큐리티 zero trust security'라고도 하지만, 이 책에서는 '제로 트러스트'라고 칭한다.

제로 트러스트란 글자 그대로 '아무것도 신뢰하지 않는' 보안의 새로운 사고방식이다. 이는 '모든 것을 의심한다'는 의미이기도 하다. 예를 들어 누군가가 사내 컴퓨터에 접근하려고 하는 경우를 상상해보자. 이때 사내 네트워크가 됐든 인터넷이 됐든 모든 접근을 똑같이 의심하는 것이 제로 트러스트다.

제로 트러스트에서 사용자는 자신이 있는 장소에 상관없이 먼저 인터넷 등에 설치된 '관문'에 접근한다(그림 1-1). 관문은 정식 사용자가 정식 사용자가 적합한 목적으로 접근하는지 확인한다. 이를 사용자 인증user authentication(유저 인증)이라고 한다.

정식 사용자인 것이 확인됐다면 관문은 '통행증'을 발행한다. 통행증을 받은 사용자는 통행증에 적힌 컴퓨터(애플리케이션이나 데이터)에 접근할 수 있게 된다. 이때 발행된 통행증은 평생 사용할 수 있는 것이 아니다. 시간이 경과하면 만료된다. 사용자는 다시 관문에 접근해 다시 통행증을 발행받아야 한다.

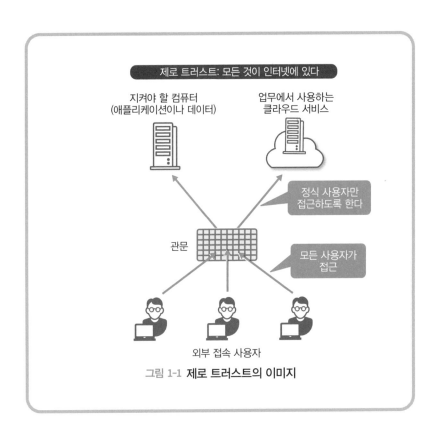

그림 1-1 제로 트러스트의 이미지

또한, 다른 컴퓨터에 접근하려면 다른 통행증이 필요하다. 관문은 통행증을 발행할 때 사용자 인증만 하는 것이 아니라 접근하고 있는 단말이나 장소도 확인한다. 예를 들어 국내에 있어야 할 사용자가 해외에서 접근하는지, 처음 이용하는 단말로 접근하는지 확인한다. 인증은 복잡해지지만 안전성은 그만큼 높다.

기존의 보안 사고방식과 제로 트러스트는 무엇이 다를까? 지금까지 주류였던 보안 사고방식은 '경계 방어'다(그림 1-2). 경계 방어의 사고방식은 사내 네트워크는 신뢰하고 인터넷은 신뢰하지 않는다. 명확하게 구별한 후 사내 네트워크와 인터넷의 경계를 확실히 지킨다. 경계 방어는 안전한 영역인 사내 네트워크에 비해 인터넷은 위험하다고 판단한다. 인터넷에서 사내 네트워크로 접근하는 것을 철저하게 경계한다.

사내 네트워크는 성 또는 성 안 마을로 볼 수 있다. 인터넷은 황야다. 사내 네트워크와 인터넷은 성문이 있는 길로만 연결된 개념이다. 경계 방어에서는 성문에 관문을 두고 인터넷으로 사내 컴퓨터에 접근하고자 하는 사용자나 기기를 확인한다. 관문에서 확인했을 때 통과하면 사내 네트워크의 컴퓨터에 자유롭게 접근할 수 있다. 제로 트러스트와 비교하면 비교적 간단하며 알기 쉽다.

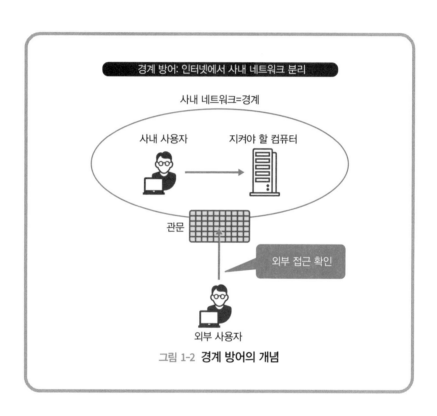

그림 1-2 **경계 방어의 개념**

제로 트러스트가 주목받는 이유

기존의 보안 시스템이 한계에 다다르면서 제로 트러스트가 주목받고 있다. 업무에 사용하는 시스템을 클라우드 서비스로 이전하는 '클라우드 전환', '원격 근무'와 같이 회사가 아닌 외부에서 인터넷을 사용해 일하는 업무 처리 방식의 변화 그리고 교묘하고 집요해진 수법으로 방어가 어려워진 '사이버 공격'이 그 이유다(그림 1-3). 사내 네트워크를 사용하던 직원이나 단말, 서버 등의 기기 및 데이터를 외부에서 사용하게 되면 '성을 안전하게 지킨다'는 경계 방어의 원칙을 따르는 것이 어렵다.

오늘날 원격 근무가 도입되면서 직원은 외부에서 업무를 할 수 있게 됐다. 또한, 서버 같은 기기 및 해당 기기가 수집한 데이터 등 기업 시스템 자체가 클라우드화되면서 시스템 운영비는 절감되고 편의성을 갖추게 됐다.

2010년 무렵부터 특정 조직을 노린 고도의 사이버 공격이 나타나기 시작했다. 공격 방식이 더욱더 교묘하게 진화했고 현재 대부분 기업이나 조직에서 사이버 공격을 막는 것은 어려워졌다. 경계 방어 방식에서는 공격자가 내부에 침입하면 사내 네트워크 전체가 피해를 본다. 이를 막기 위해서는 사내 네트워크라고 무조건 안전하다고 판단하는 것이 아니라 사내에서 접근해도 신뢰하지 않는 제로 트러스트 사고를 해야 한다.

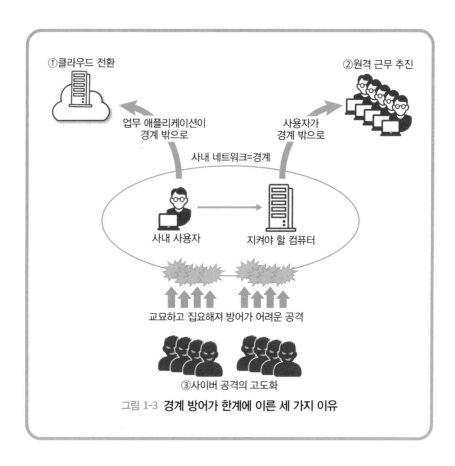

① 클라우드 전환

② 원격 근무 추진

업무 애플리케이션이
경계 밖으로

사용자가
경계 밖으로

사내 네트워크=경계

사내 사용자

지켜야 할 컴퓨터

교묘하고 집요해져 방어가 어려운 공격

③ 사이버 공격의 고도화

그림 1-3 **경계 방어가 한계에 이른 세 가지 이유**

제로 트러스트는 구글이 자사 네트워크에 제로 트러스트 사고방식을 도입한 후 그 효과를 입증하면서 빠르게 확산했다. 대규모 사이버 공격으로 큰 피해를 본 구글은 약 8년에 걸쳐 네트워크의 전면적인 쇄신을 꾀했다. 2004년 구글은 새롭게 구축한 보안 플랫폼인 '비욘드코프_{BeyondCorp}'의 기술과 성과를 논문으로 발표했다(그림 1-4). 제로 트러스트 사고를 적용한 자사 네트워크를 구축하면서 얻은 지식과 상세 기술을 아낌없이 공개해 보안 관계자들의 놀라움을 사기도 했다. 구글의 성과를 본 보안 관련 개발사는 제로 트러스트 방식으로 사용할 수 있는 제품이나 서비스를 적극적으로 제공하기 시작했다. 그 결과 제로 트러스트의 도입 장벽은 낮아졌고 제로 트러스트를 도입하려는 움직임이 한층 강해졌다.

한계를 맞이한 경계 방어

왜 구글은 제로 트러스트와 같은 사고방식으로 자사 네트워크를 재구축한 것일까? 왜 제로 트러스트가 필요해졌을까? 왜 간단하면서도 알기 쉬운 경계 방어로는 부족했을까? 성의 관문에서 확인하면 경계 방어로도 충분해 보인다. 제로 트러스트로 전환한 배경을 이해하고자 경계 방어의 발전 과정과 그 한계를 자세히 알아보겠다.

BeyondCorp
A New Approach to Enterprise Security

RORY WARD AND BETSY BEYER

Rory Ward is a site reliability engineering manager in Google Ireland. He previously worked in Ireland at Valista, in Silicon Valley at AOL, Netscape, Kiva, and General Magic, and in Los Angeles at Retix. He has a BSc in computer applications from Dublin City University. roryward@google.com

Betsy Beyer is a technical writer specializing in virtualization software for Google SRE in NYC. She has previously provided documentation for Google Data Center and Hardware Operations teams. Before moving to New York, Betsy was a lecturer in technical writing at Stanford University. She holds degrees from Stanford and Tulane. bbeyer@google.com

Virtually every company today uses firewalls to enforce perimeter security. However, this security model is problematic because, when that perimeter is breached, an attacker has relatively easy access to a company's privileged intranet. As companies adopt mobile and cloud technologies, the perimeter is becoming increasingly difficult to enforce. Google is taking a different approach to network security. We are removing the requirement for a privileged intranet and moving our corporate applications to the Internet.

Since the early days of IT infrastructure, enterprises have used perimeter security to protect and gate access to internal resources. The perimeter security model is often compared to a medieval castle: a fortress with thick walls, surrounded by a moat, with a heavily guarded single point of entry and exit. Anything located outside the wall is considered dangerous, while anything located inside the wall is trusted. Anyone who makes it past the drawbridge has ready access to the resources of the castle.

The perimeter security model works well enough when all employees work exclusively in buildings owned by an enterprise. However, with the advent of a mobile workforce, the surge in the variety of devices used by this workforce, and the growing use of cloud-based services, additional attack vectors have emerged that are stretching the traditional paradigm to the point of redundancy. Key assumptions of this model no longer hold: The perimeter is no longer just the physical location of the enterprise, and what lies inside the perimeter is no longer a blessed and safe place to host personal computing devices and enterprise applications.

While most enterprises assume that the internal network is a safe environment in which to expose corporate applications, Google's experience has proven that this faith is misplaced. Rather, one should assume that an internal network is as fraught with danger as the public Internet and build enterprise applications based upon this assumption.

Google's BeyondCorp initiative is moving to a new model that dispenses with a privileged corporate network. Instead, access depends solely on device and user credentials, regardless of a user's network location—be it an enterprise location, a home network, or a hotel or coffee shop. All access to enterprise resources is fully authenticated, fully authorized, and fully encrypted based upon device state and user credentials. We can enforce fine-grained access to different parts of enterprise resources. As a result, all Google employees can work successfully from any network, and without the need for a traditional VPN connection into the privileged network. The user experience between local and remote access to enterprise resources is effectively identical, apart from potential differences in latency.

The Major Components of BeyondCorp

BeyondCorp consists of many cooperating components to ensure that only appropriately authenticated devices and users are authorized to access the requisite enterprise applications. Each component is described below (see Figure 1).

그림 1-4 **구글의 사내 시스템 '비욘드코프' 관련 논문(출처: 구글)**

조직의 네트워크와 인터넷이 연결되면서 조직 네트워크에 방어 체계를 갖추게 되었다. 인터넷이 보급되기 전에는 조직의 네트워크를 폐쇄망(자기 조직만 사용하는 닫힌 네트워크)이라고 불리는 네트워크 기술로 각 거점을 연결했다(그림 1-5). 일반적으로 통신 사업자가 제공하는 서비스로 네트워크를 구축하지만 네트워크 자체는 자사 안에 닫혀 있다. 즉 데이터를 주고받는 것은 자사 안에서 해결되고 제삼자가 접근할 우려는 적었다. 그러나 인터넷의 등장으로 상황은 크게 바뀌었다.

지금의 인터넷은 어떤 조직이 되었든 중요한 인프라 역할을 한다. 대부분 조직의 사내 네트워크는 인터넷에 연결됐으며 사내에서는 인터넷을 사용할 수 있다. 인터넷에서 접근하는 것을 허용해 서비스를 제공하는 경우도 있다.

환경의 변화로 지금까지 생각하지 못했던 데이터 유통도 가능해졌다. 예를 들어 적은 비용으로 다른 조직과 데이터를 주고받을 수 있게 됐다. 조직이 일반 사용자에게 인터넷을 경유해 서비스를 제공하거나 다른 조직이 제공하는 서비스를 이용할 수도 있다.

이는 외부의 사이버 공격 가능성도 높아졌음을 의미한다. 기본적으로 인터넷은 누구나 접근할 수 있다. 편의성과 위험성(리스크)은 트레이드오프trade-off 관계다. 인터넷을 이용할 수 있다는 장점을 갖는 대신 사이버 공격을 받을 수 있다는 위험도 감수해야 한다.

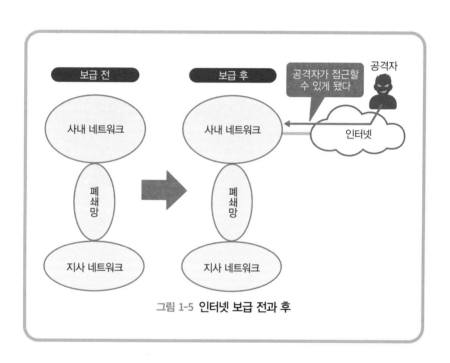

그림 1-5 **인터넷 보급 전과 후**

인터넷 이용으로 확대된 위험

인터넷의 장점을 누리기로 결정하면서 조직은 자사의 데이터나 기기를 공격자로부터 지켜야 했다. 여기서 지켜야 할 대상을 사내 네트워크에 가두고 외부의 공격을 방어한다는 사고가 생겼다. 바로 '경계 방어'라고 불리는 보안의 사고방식이다. '경계 모델'이라고도 한다.

경계 방어에서는 공격자가 숨어 있다고 판단되는 인터넷과 지키고 싶은 데이터와 기기가 있는 사내 네트워크를 분리한다(그림 1-6). 관문에서는 인터넷과 사내 네트워크가 주고받는 데이터를 확인해 공격자나 해가 되는 데이터가 접근하지 못하도록 차단한다. 이 과정을 통해 사내 네트워크는 '안전한 장소'가 된다. 개별적으로 사내 네트워크의 데이터나 기기를 지킬 필요가 없어진다. 관문에서 방어하는 것에만 전력을 쏟으면 된다.

경계 방어에서 관문 역할은 방화벽이라고 불리는 보안 제품이다. 방화벽 제품은 방화벽 기능을 갖춘 소프트웨어로도 제공되지만 대부분 '어플라이언스appliance' 형태로 제공된다. 어플라이언스는 전용 하드웨어(기기)에 방화벽 기능의 소프트웨어를 설치한 네트워크 기기다. 경계 영역에 네트워크 기기로서 '설치하고 케이블을 연결'하는 것만으로도 동작하며 운영할 수 있다.

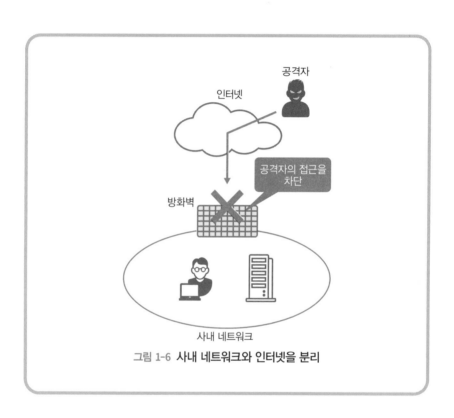

그림 1-6 **사내 네트워크와 인터넷을 분리**

구글 엔지니어는 아무도 믿지 않는다 **제로 트러스트**

방화벽은 데이터의 출발지나 목적지를 확인해 조직이 허가하지 않은 데이터를 차단한다(그림 1-7). 일반적으로 사내 네트워크에서 인터넷으로 향하는 통신 제한은 느슨하고 인터넷에서 사내 네트워크로 향하는 통신 제한은 엄격하다. 후자의 경우 사내 네트워크에서 인터넷을 향해 보낸 통신에 응답하는 것은 허가하지만 인터넷에서 보낸 통신은 차단한다. 게다가 최근 보안 제품은 출발지나 도착지 주소가 아닌 데이터의 내용까지 확인한다. 이를 통해 허가하지 않은 애플리케이션이나 서비스(정보 유출의 우려가 있는 것 등)의 데이터를 차단해 직원이 사용할 수 없도록 하는 기능도 제공한다.

인터넷은 2000년 즈음 널리 보편화됐지만 방화벽은 이미 널리 도입돼 있었다. 당시 대표 제품은 이스라엘의 체크포인트 소프트웨어 테크놀로지스Check Point Software Technologies가 제공하는 '방화벽-1FireWall-1'이다. 그 후 다양한 제품이 등장했고 대부분 조직이 방화벽을 도입했다. 현재는 데이터 내용을 보고 맬웨어malware(악성 소프트웨어)나 유해한 데이터가 포함됐을 때 차단하는 기능까지 갖춘 UTMunified threat management(통합 위협 관리) 제품이 주류를 이루고 있다.

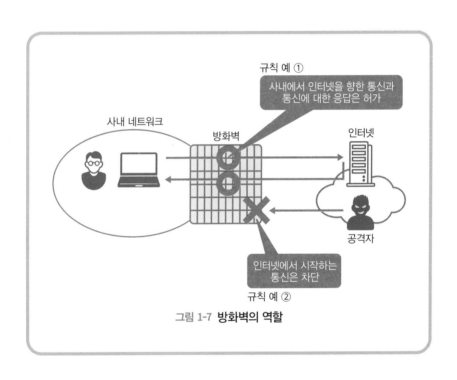

규칙 예 ①
사내에서 인터넷을 향한 통신과
통신에 대한 응답은 허가

사내 네트워크

방화벽

인터넷

공격자

인터넷에서 시작하는
통신은 차단
규칙 예 ②

그림 1-7 **방화벽의 역할**

경계 방어의 가장 큰 장점은 물리적으로 사내 네트워크를 지킬 수 있다는 점이다(그림 1-8). 사내 네트워크를 특정 건물 안 사무실에 구축하고 지켜야 할 데이터나 기기, 사용자를 둔 후 물리적으로 인터넷과 분리한다. 경계 부분에 배치한 방화벽이나 UTM 관문을 거쳐 지나가는 것을 제외하면 사내 네트워크에 접근하려면 물리적으로 사무실에 침입해야 한다. 많은 사무실이 출입을 엄격하게 관리해 공격자의 침입은 쉽지 않다. 정식 사용자나 단말만이 사내 네트워크의 데이터나 다른 기기에 접근할 수 있다. 사내 네트워크와 인터넷의 물리적인 분리로 사용자나 단말의 안전성을 보장한다.

누군가 사내 네트워크의 서버에 접근했다고 하자. 접근할 수 있는 것은 사내 네트워크에 있는 기기이며 그 기기를 조작할 수 있는 것은 사무실에 들어올 수 있는 정식 사용자다. 각 서버는 해당 접근이 정당한지 세세하게 판단하지 않아도 된다. 물론 사용자마다 접근할 수 있는 데이터는 달라 사용자 인증이 필요하다. 하지만 누가 접근하는지만 알면 돼 ID와 암호처럼 간단한 인증이면 충분하다.

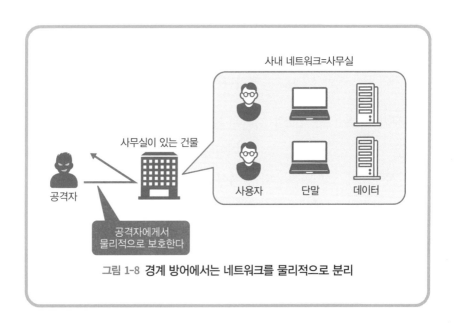

사내 네트워크=사무실

사무실이 있는 건물

공격자

공격자에게서
물리적으로 보호한다

사용자   단말   데이터

그림 1-8 **경계 방어에서는 네트워크를 물리적으로 분리**

VPN은 경계 방어의 연장일 뿐

현재 인터넷을 대표하는 기술과 서비스가 진화하고 일하는 방식이 다양해지면서 단순한 경계 방어의 구조는 맞지 않게 됐다. 사내 애플리케이션이나 데이터를 사내 네트워크와 물리적으로 분리하면 보안성은 높아지지만 편의성은 떨어진다.

외부 사용자가 이용할 수 없다는 단점을 보완하고자 인터넷을 경유해 사내 네트워크에 접속할 수 있도록 하는 VPN_{virtual private network}이 탄생했다. 가설 사설망 등으로 불리는 VPN은 외부 기기나 네트워크를 암호화한 통신로로 사내 네트워크와 연결하는 구조다. 암호화되어 있어 데이터 도청이 불가능하다. VPN으로 연결된 외부 기기는 사내에 있는 것처럼 사내 네트워크에 접근할 수 있다. 암호 기술로 사내 네트워크를 확장하는 개념이다(그림 1-9).

VPN은 경계 방어의 사고방식을 지키면서 외부에서도 사내 애플리케이션이나 데이터를 이용할 수 있도록 편의성을 제공해 현재 많은 기업과 조직에서 사용하고 있다.

사내 네트워크는 물리적으로 분리하고 외부 사용자는 예외적으로 VPN을 통해 사내 네트워크를 이용할 수 있도록 한다. 많은 기업이 사용한 경계 방어 방식이다. 사내 네트워크의 내부나 VPN을 연결하는 곳이 안전하다고 판단해 경계 내부의 방어를 강화하지 않아도 된다.

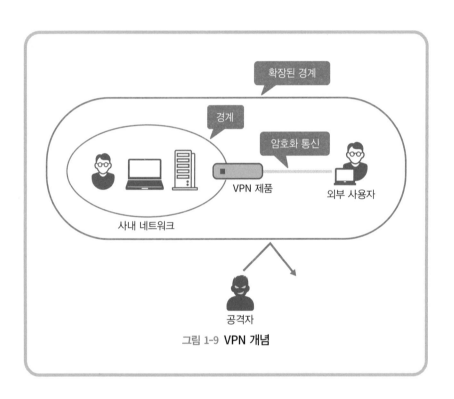

확장된 경계

경계

암호화 통신

VPN 제품

외부 사용자

사내 네트워크

공격자

그림 1-9 **VPN 개념**

물론 완전한 방식은 아니다. 확인 과정을 뚫고 사내 네트워크에 침입해 생기는 피해는 막을 수 없다. 하지만 비용 대비 효과가 우수하고 구현도 간단해 많은 기업이 경계 방어의 작은 위험은 감수했다. 사내 네트워크로 침입하는 일이 조금씩 있었지만 많은 기업과 조직에서는 계속 경계 방어를 채택했다.

클라우드 이용이 많아지면서 외부로 나가는 데이터

최근 몇 년 동안 상황이 바뀌었다. 업무 시스템이 클라우드로 전환되고 원격 근무로 대표되는 근무 형태의 변화가 그 이유다(그림 1-10). 2020년 세계적으로 유행한 코로나바이러스감염증-19(이하 COVID-19)는 원격 근무의 일반화에 쐐기를 박았다.

클라우드 전환이란 지금까지 사내 네트워크에서 운영하던 업무 애플리케이션 등을 클라우드 서비스로 이전하는 것을 의미한다. 2010년경부터 많은 조직에서 클라우드로 전환하고 있으며 속도는 점점 더 빨라지고 있다.

클라우드는 인터넷 등의 외부 네트워크를 경유해 제공되는 서비스의 총칭이다. 클라우드 운영자가 서비스 이용에 필요한 애플리케이션이나 데이터, 기기를 운영 및 관리한다. 대규모 데이터 센터data center에서 대량의 컴퓨터를 운영하며 계산 자원computational resource을 잘라서 파는 개념이다.

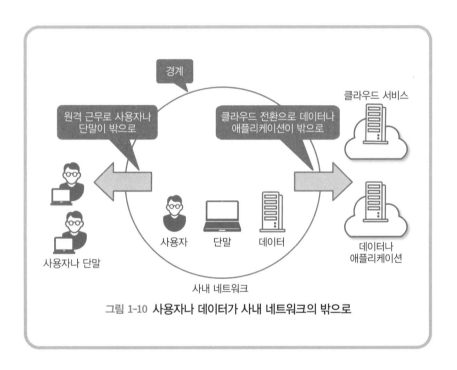

그림 1-10 **사용자나 데이터가 사내 네트워크의 밖으로**

기업 입장에서 클라우드의 큰 이점은 자사에서 직접 소프트웨어나 하드웨어를 마련하지 않고 적은 비용으로 서비스를 이용할 수 있다는 점이다. 당연히 운영비(요금)는 들지만 운영 관리의 부담은 크게 줄일 수 있다. 많은 사업자가 서비스를 제공하면서 서비스 비용도 안정화됐다.

클라우드cloud는 영어로 구름이라는 의미다. 이전부터 네트워크 구성도에서는 인터넷을 포함한 외부 네트워크를 구름 모양으로 표현했다. 외부 네트워크를 경유해 제공되는 서비스를 '클라우드 서비스'나 '클라우드 컴퓨팅'이라고 부르게 된 이유다.

클라우드가 처음 등장했을 때 많은 기업에서는 간편한 운영 관리나 적은 비용의 장점은 인정하면서도 외부에 기밀 등의 데이터를 두는 것에 난색을 표했다. 공개용 웹 서버는 클라우드를 이용해도 업무 메일을 주고받는 메일 서버는 자사에서 운영하는 경우가 적지 않았다. 공개용 웹 서버는 외부 공개를 전제로 한 데이터만 취급하지만 메일 서버는 업무 기밀 등도 포함된다는 것이 구분하는 이유였다.

현재는 클라우드의 신뢰도가 높아져 업무에 필요한 서비스도 클라우드를 사용한다. 대표적인 예시가 마이크로소프트Microsoft의 'Microsoft 365'다. 메일이나 화상회의, 워드 및 엑셀 같은 업무 애플리케이션을 망라한 서비스다. 전 세계적으로 많은 기업에서 사용하고 있다.

클라우드 서버는 견고한 데이터 센터에 설치돼 클라우드 운영자가 관리 및 감시를 철저히 한다. 지금은 업무 데이터를 사무실에 두는 것보다 클라우드에 두는 것이 보안이 더 잘된다고 생각하게 됐다. 많은 기업이 업무에 클라우드를 이용하면서 사내 네트워크에서 지키던 대부분 데이터가 외부로 나가게 됐다. 경계 방어의 전제 중 하나가 무너졌다.

지금까지는 사내 네트워크에 대부분 데이터나 애플리케이션이 있었고 업무상 통신은 거의 사내 네트워크에서 거의 마무리됐다. 인터넷 연결은 어디까지나 보조적인 통신이었다. 하지만 클라우드 이용이 늘면서 업무상 통신도 인터넷을 경유하게 됐다. 인터넷 연결 회선이나 방화벽 등의 부하가 높아져 병목현상이 생겼다(그림 1-11). 경계 방어로 인해 업무에 차질이 생긴 것이다.

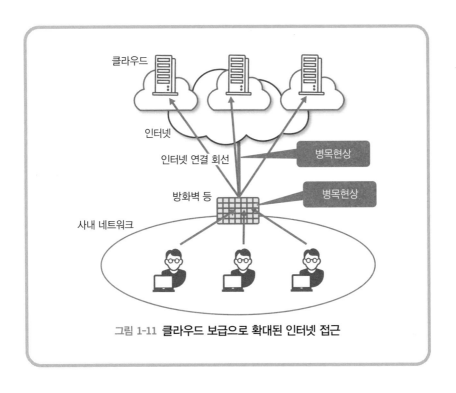

클라우드

인터넷

인터넷 연결 회선

병목현상

병목현상

방화벽 등

사내 네트워크

그림 1-11 **클라우드 보급으로 확대된 인터넷 접근**

원격 근무가 확산되면서
외부로 나가는 사용자

일하는 방식도 재택근무 등의 원격 근무가 보편화되면서 사용자도 외부로 나가는 기회가 늘어났다. 원격 근무를 하면 장소에 얽매이지 않고 자택이나 밖에서 일을 할 수 있다. 하지만 최근까지도 원격 근무를 실천하는 기업은 일부 선진 기업이었고 그나마도 극히 일부 직원만 원격 근무를 했다.

원격 근무가 확산한 계기는 2020년 크게 유행한 COVID-19다. 정부에서는 불필요한 외출은 자제하면서 출퇴근을 줄일 방안을 강구했다. 그때 '가능하면 하겠다'는 정도였던 원격 근무에 대한 생각이 '해야 한다'로 바뀐 것이다. 동시에 사용자를 사내 네트워크에 '가둔다'는 경계 방어의 또 다른 전제도 무너졌다.

많은 기업과 조직은 COVID-19가 유행하는 상황 속에서 경계 방어를 유지한 채 원격 근무에 대응했다. 사내 네트워크 사용자가 VPN으로 자택에서 사내 네트워크에 접속하는 방법을 채택했다. 그러나 다양한 문제가 발생했다. 어디까지나 VPN은 경계 방어를 보완하는 구조다. 소수 사용자나 기기가 사용하는 예외적인 접근 수단이다.

대기업 등의 조직에서 VPN 사용자를 직원 전체로 확대하면 가장 먼저 VPN 제품이 병목현상을 일으키는 문제가 생긴다(그림 1-12). 해당 문제를 해결하려면 VPN 제품을 보강하는 등의 비용이 발생한다. 일반적으로 동시에 접근할 수 있는 사용자 수에 따라 라이선스 요금이나 필요한 제품의 사양이 결정되기 때문이다. 다수 사용자가 VPN을 사용해 동시에 접근할 수 있도록 하려면 다수의 라이선스를 구입하고 높은 사양의 제품을 도입해야 한다.

클라우드 전환과 원격 근무에 모두 대응하려면 번거롭다. 외부 사용자는 먼저 VPN으로 사내 네트워크에 접속한 후 방화벽 등을 경유해 외부의 클라우드에 접근한 후. 사용자의 통신이 사내 네트워크를 반드시 통과해야 하기 때문이다. 이 방식은 사내에 있을 때처럼 기업이나 조직, 그 관리자가 통신을 일원화해 관리할 수 있다는 이점이 있다. 예를 들면 위협이 되는 통신을 방화벽으로 차단하거나 웹 접근 통신을 중계하는 프록시(대리 응답) 서버 등으로 접근을 제한하는 등의 관리가 가능해진다. 사용자가 사용한 서버와 클라우드 서비스는 무엇인지, 열람한 웹사이트는 무엇인지 같은 접근 로그도 수집할 수 있다.

네트워크 운영 관점에서는 매우 비효율적인 방식이다. 원격 근무를 하는 외부 사용자의 기기(단말)는 원래 직접 클라우드에 접근할 수 있다. 하지만 VPN은 사내 네트워크를 한 번 경유하는 형태가 된다. VPN과 방화벽 양쪽에 병목현상이 일어나고 성능이 따라오지 못하면 통신 속도가 저하되거나 접속하지 못하는 등의 문제가 생긴다.

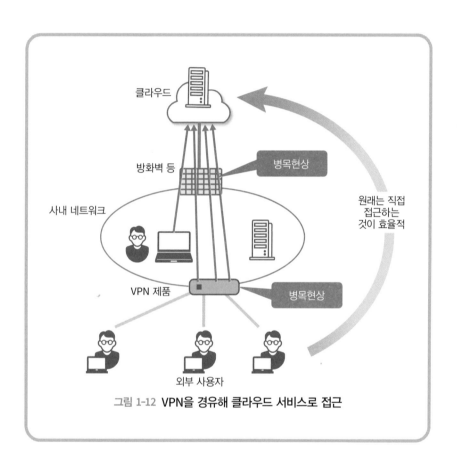

클라우드

병목현상

방화벽 등

원래는 직접
접근하는
것이 효율적

사내 네트워크

VPN 제품

병목현상

외부 사용자

그림 1-12 **VPN을 경유해 클라우드 서비스로 접근**

침입에 성공하면 불가능해지는 방어

경계 방어는 보안에서도 그 한계가 드러났다. 사이버 공격 등의 위협이 높아지면서 경계에서 침입을 막는 방식으로는 역부족이었다.

경계를 돌파당하면 거의 무력화된다는 점이 경계 방어의 가장 큰 약점이다. 경계 방어에서는 사내 네트워크 안의 사용자나 단말은 신뢰한다. 이 때문에 사내 네트워크 침입에 성공한 공격자는 '신뢰받는 사용자'로서 마음대로 행동할 수 있다(그림 1-13). 침입에 성공한 공격자가 사내 네트워크를 자유롭게 돌아다니는 것을 '횡 방향 이동lateral movement'이라고 한다.

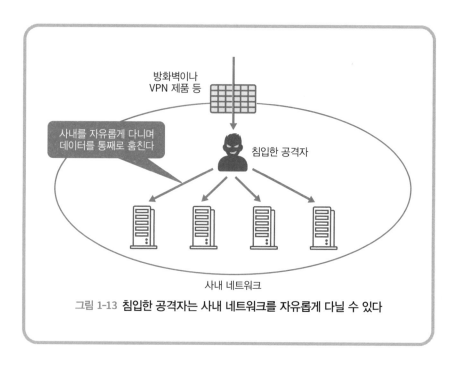

방화벽이나
VPN 제품 등

사내를 자유롭게 다니며
데이터를 통째로 훔친다

침입한 공격자

사내 네트워크

그림 1-13 **침입한 공격자는 사내 네트워크를 자유롭게 다닐 수 있다**

공격자가 경계를 돌파하는 방법은 다양하다. 경계 방어에서는 사내 네트워크와 인터넷이 경계에 설치된 기기를 통해 붙어 있다. 방화벽이나 VPN 제품과 같은 경계에 설치된 기기의 취약점을 뚫거나 VPN을 이용할 수 있는 정식 사용자로 위장해 돌파하는 방법이 있다(그림 1-14).

자주 사용되는 다른 방법은 직원에게 메일을 보내거나 웹 접근으로 사내 네트워크에 맬웨어를 퍼뜨리는 것이다. 맬웨어 방법을 보자. 사내 컴퓨터에 침입한 맬웨어가 외부에 있는 공격자에게 통신 경로를 열어 공격자가 침입할 경로를 확보한다. 방화벽은 외부(인터넷)에서 사내 네트워크로 향하는 통신을 엄격하게 관리한다. 하지만 사내에서 외부로 향하는 통신, 예를 들어 웹 페이지 열람 등은 비교적 제한이 적어 맬웨어가 통신 경로를 열면 침입한 사실 자체를 눈치채기 어렵다.

취약점이란 보안상의 약점 또는 결함을 말한다. 맬웨어는 악성 프로그램의 총칭이다. 컴퓨터 바이러스 또는 바이러스라고도 불린다. 바이러스는 자신을 다른 프로그램에 심는 맬웨어만을 가리키는 경우가 있으며, 질병의 원인이 되는 생물적인 바이러스와 헷갈릴 수도 있어 맬웨어로 통칭한다.

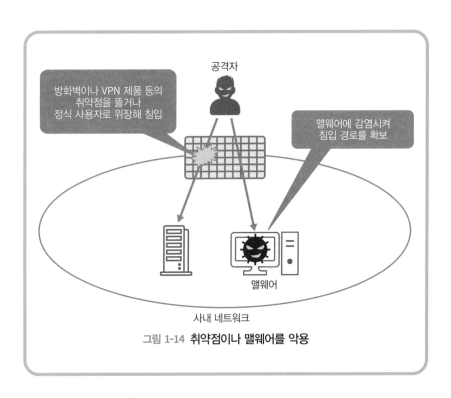

그림 1-14 **취약점이나 맬웨어를 악용**

방어가 어려운 사이버 공격 'APT 공격'

경계를 돌파당해 공격자가 침입할 수 있다는 위험은 이전부터 존재했으며 해마다 증가하고 있다. 공격 수법은 이전보다 더 교묘하게 진화 중이다.

2000년까지 대부분 사이버 공격은 호기심이 왕성한 크래커(해커)가 했다고 한다. 크래커를 스크립트 키디script kiddie라고도 불렀다. 이들은 인터넷에 공개된 취약점을 뚫는 프로그램이나 맬웨어, 맬웨어 변종을 사용해 침입을 시도했다. 당시 방어가 약한 조직은 피해가 생겼고 대책을 마련했던 조직은 피해를 면했다. 그 후 금전적인 가치가 높은 데이터를 얻고자 범죄자 그룹이 가담하면서 사이버 공격은 돈벌이 수단이 됐다. 이때부터 공격과 방어는 고양이와 쥐의 양상을 나타냈지만 적절한 대책을 마련했다면 어느 정도 막을 수 있었다.

상황이 크게 바뀐 것은 2010년경이다. 일반적인 대책으로는 막을 수 없는 사이버 공격이 출현했다. 'APTadvanced persistent threat 공격'이다. '지능형 지속 위협'이나 '지속적 표적형 공격'이라고도 한다. 표적형 공격이란 특정 조직을 노린 사이버 공격을 의미한다. APT 공격은 표적형 공격 중에서도 높은 수준의 집요한 공격을 가리키고, 금전이나 기밀 취득 등 명확한 목적으로 기업과 조직을 노린다. 표적으로 정한 조직에 맞는 다양한 공격을 조합하며 성공할 때까지 공격해 네트워크 침입을 꾀한다.

예를 들어 해당 조직의 직원이 속기 쉬운 내용의 맬웨어 첨부 파일을 보낸다(그림 1-15). 혹은 가짜 메일을 보내 접속하면 맬웨어에 감염되는 웹사이트로 유도한다. 방화벽 등의 취약점을 뚫어 네트워크 침입을 시도하는 경우도 있다. 기업과 조직이 설치한 UTM이나 보안 소프트웨어 등에 탐지되지 않도록 공격에 사용하는 맬웨어를 새롭게 개발한다. 기존 맬웨어를 사용하는 것보다 비용이 드는 공격 방식이다.

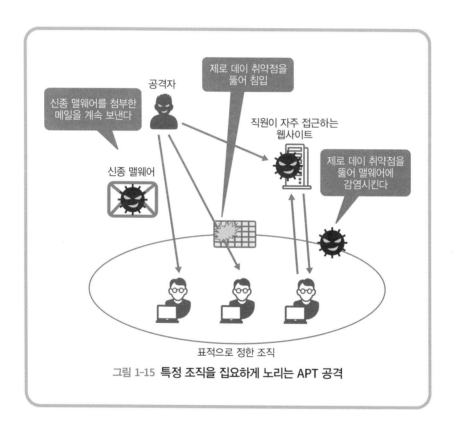

그림 1-15 **특정 조직을 집요하게 노리는 APT 공격**

공격에 이용할 보안 취약점에도 비용을 들인다. 아직 보안 패치가 없는 약점을 이용하는 공격 방식이다. 이런 취약점을 '제로 데이_{zero day} 취약점'이라고 하며 약점을 이용하는 공격은 '제로 데이 공격_{zero day attack}'이라고 한다. 제로 데이 취약점은 암시장에서 높은 금액으로 거래된다. 공격자는 직접 취약점을 발견하기도 하지만 지금은 대부분 구입한다. 제로 데이 공격을 할 때는 보안 패치가 없다. '보안 패치가 공개되면 반드시 적용한다'는 지금까지의 보안 대책은 통하지 않는다.

 ## 조직의 한 명만 속이면 가능해지는 침입

APT 공격은 신종 맬웨어나 제로 데이 취약점을 사용해 특정 조직을 계속 공격한다. 직원 중 한 명이라도 맬웨어에 감염되면 사내 네트워크에 침입하고 횡 방향 이동으로 큰 피해를 보게 된다. 보안을 강화해도 기존의 경계 방어로는 지킬 수 없다. 맬웨어에 감염된 직원이 있어도 사내 네트워크의 침입을 막으려면 접근한 곳이 사내라도 신뢰하지 않고 이용할 때마다 사용자나 단말을 엄격히 확인해야 한다. 이것이 제로 트러스트의 기본적인 사고방식이다.

APT는 2006년 무렵 미국 공군 사령부에서 처음 사용했다. 본격적으로 APT 공격이라는 용어를 사용하기 전인 2005년에 영국의 NISCC(국가기간시설 보안 조정센터, 2007년 CPNI(국가기간시설 보호센터)로 통합)나 미국의 US-CERT 같은 보안 조직이 이미 고도화된 표적형 공격을 경고했다.

APT 공격이 널리 알려진 것은 2010년에 밝혀진 '오퍼레이션 오로라_operation aurora' 이후다. 중국의 해커 그룹이 했다고 여겨지는 대규모 APT 공격은 적어도 스무 개의 대기업을 표적으로 했다고 알려졌다. 오퍼레이션 오로라에서는 윈도우에 표준 탑재된 웹 브라우저인 인터넷 익스플로러의 제로 데이 취약점이 이용됐다. 당시는 인터넷 익스플로러 사용자가 많아 제로 데이 취약점은 암시장에서 고가에 거래됐다. 오퍼레이션 오로라가 단순한 공격자의 놀이가 아닌 비용까지 들여 특정 의도를 갖고 시도한 공격이라는 사실을 알 수 있다.

구상만 10년 이상 걸린 제로 트러스트

오퍼레이션 오로라로 공격받은 기업 중 하나인 구글은 2010년 1월 12일 그 피해를 최초로 발표했다. 발표에 따르면 인권 활동가의 지메일 계정에 접근하는 것이 목적 중 하나였다. 같은 날 어도비_Adobe도 오퍼레이션 오로라를 조사하고 있다고 발표했다. 당시 미국 국무부 장관이었던 힐러리 클린턴_Hillary Clinton도 공격을 비난하는 성명을 발표했다.

기업 시스템의 클라우드 전환, 원격 근무의 보급 등 일하는 방식의 변화 및 한층 더 심해진 사이버 공격으로 경계 방어는 한계를 맞이했다. 한계에 다다른 경계 방어를 대체하는 보안 방식이 2020년부터 주목받은 제로 트러스트다.

제로 트러스트라는 용어를 사용하기 전부터 경계에 의존하지 않는 보안의 필요성은 논의 대상이었다. 2004년 관련 전문가와 여러 기업이 모여 만든 제리코 포럼_{Jeriko Forum}은 '비경계형 방어_{de-perimeterization}'를 보급시키려고 했다. 제리코 포럼은 비경계형 방어에 필요한 프레임워크_{framework} 등을 의논하며 설계의 사고방식이나 기술 사양을 정의한 백서를 만들어 공표(그림 1-16)했으며 2013년 10월에 해산했다. 2010년에는 미국의 시장조사 기관인 포레스터 리서치_{Forrester Research}도 비경계형 방어를 주장했다. '제로 트러스트 네트워크' 용어의 시초다. 다만 이 시기에는 구체적인 구현 예시가 없었다.

Jericho Forum

Visioning White Paper
What is Jericho Forum?
February 2005

This White Paper was prepared by Nick Bleech of KPMG with contributions from the Meta-Architecture Working Group of the Jericho Forum (Gary Yelland of Airbus, Steve Purser of Clearstream, Steve Greenham of GSK, Shane Tully of Qantas, John Walsh of ING and David Gracey of Rolls-Royce) and additional contributions from Paul Dorey of BP, Andrew Yeomans of Dresdner Kleinwort Wasserstein, Adrian Seccombe of Eli Lilly, Ian Dobson of The Open Group and David Lacey of Royal Mail.

Additional dialogue with representatives of the following organisations is also gratefully acknowledged: BT plc. nCipher Corporation Ltd., University of Kent, University of Auckland, New Zealand Police, Australian Government Information Management Office, Netsafe, KPMG (UK) LLP, Information Security Forum, and International Information Integrity Institute (I-4).

Any brand, company and product names are used for identification purposes only and may be trademarks that are the sole property of their respective owners.

The views expressed in this document are not necessarily those of any particular contributor or member of the Jericho Forum, nor of the organisations to which they are affiliated.

© Jericho Forum 2005

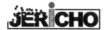

그림 1-16 제리코 포럼이 발표한 논문(출처: 제리코 포럼)

전면 도입의 시작은 구글

그림의 떡이었던 제로 트러스트를 처음 전면 도입한 것은 구글이었는데, 바로 오퍼레이션 오로라 때문이었다. 오퍼레이션 오로라의 피해를 입은 구글은 고도의 사이버 공격에 대응하는 데 경계 방어로는 부족하다고 판단했다. 구글은 전면적으로 보안을 점검하고 약 8년에 걸쳐 제로 트러스트의 사고방식으로 사내 네트워크를 다시 구축했다. 바로 비욘드코프BeyondCorp다. 2014년 구글은 전면 재검토하고 구축한 과정을 논문으로 발표했다.

논문 발표 후 구글의 비욘드코프와 제로 트러스트가 널리 알려지게 됐다. 그리고 많은 보안 기업에서 제로 트러스트 구축을 지원하는 제품과 서비스를 시장에 조금씩 내놓기 시작했다. 2015년이 되면서 보안 기업들은 제로 트러스트를 강조하는 제품과 서비스를 적극적으로 팔기 시작했다. ID 관리나 접근 제어, 로그 관리, 엔드포인트endpoint 보안 등이다. 그리고 2020년 유행한 COVID-19로 원격 근무가 보편화되면서 모든 기업이 제로 트러스트 도입을 고민하게 됐다.

 ## 클라우드 보급으로 한층 쉬워진 제로 트러스트 도입

많은 기업에서 제로 트러스트를 도입하게 된 가장 큰 이유는 클라우드의 신뢰성과 성능 향상이다. 이전에는 업무 애플리케이션이나 중요한 데이터를 클라우드에 두는 것 자체를 생각할 수 없었다. 인터넷으로 누구나 접근할 수 있는 클라우드는 많은 사용자와 경영자가 위험한 접근을 우려해 심리적인 장벽이 높았다.

그러나 클라우드 이용은 조금씩 늘어났다. 경제성이나 편의성에서 이점이 많았기 때문이다. 클라우드 이용이 늘어나면서 온프레미스 on-premise [1] 보다 클라우드의 보안 수준이 높다는 인식이 기업의 관리자나 경영자 사이에 퍼졌다. 현재는 많은 기업이 메일이나 사무 애플리케이션, 고객 관리 시스템 등 업무 관련 기능을 클라우드로 이용한다.

보안 기능을 제공하는 클라우드 서비스도 늘고 있다. 사내 네트워크에 설치된 서버가 하던 ID 및 단말 관리, 접근 제어를 구현하는 프록시, 외부의 공격을 막는 방화벽 같은 기능을 클라우드도 제공한다. 보안 기능을 제공하는 다양한 클라우드 서비스를 적절히 조합해 이용하면 사내 네트워크에 접속하지 않아도 기기나 데이터, 사용자를 지킬 수 있다. 인터넷에 접속만 하면 이용할 수 있는 클라우드는 경계 방어에 의지하지 않는 제로 트러스트에 적합하다.

클라우드 성능이 향상되면서 많은 기업과 조직에서 사용하게 된 것도 제로 트러스트 도입에 크게 영향을 미쳤다. 경계 방어는 경계 안은 신뢰한다. 사내 사용자가 사내 서버를 이용할 때는 검증하지 않

---

1 [옮긴이] 기업의 서버를 클라우드 같은 원격 환경이 아닌 자체적으로 보유한 전산실 서버에 직접 구축하는 형태를 의미한다.

는다. 그러나 사용자나 기기의 장소를 신뢰하지 않는 제로 트러스트
는 이용할 때마다 사용자나 기기의 신뢰성 및 접근 권한을 검증해
적절한 권한을 부여한다. 즉 실시간으로 인증하고 인가받아야 한다
(그림 1-17). 또한, 제로 트러스트는 경계가 없어 서버나 사용자의 단
말 등 모든 자원이 인터넷에 노출되기 때문에 사이버 공격도 필수
적으로 감시해야 한다. 정당하지 않은 목적의 접근이 있을 수 있다
는 점을 전제로 시스템 전체를 감시해 변화를 감지하는 체계를 만
들 필요가 있다.

제로 트러스트는 경계 방어와 마찬가지로 보안 체계를 구축하는 사
고방식이다. 경계 방어는 방화벽이나 프록시 기기, 사용자 관리, 사
용자 인증, 기기 관리를 담당하는 사내 서버군, VPN 제품 등을 조
합해 실현한다. 경계 방어를 실현할 수 있는 경계 방어 제품이 없는
것처럼 제로 트러스트도 바로 적용할 수 있는 제로 트러스트 제품
은 없다. 조직의 요구나 상황에 맞춰 다양한 클라우드 서비스와 제
품을 조합해 구축해야 한다.

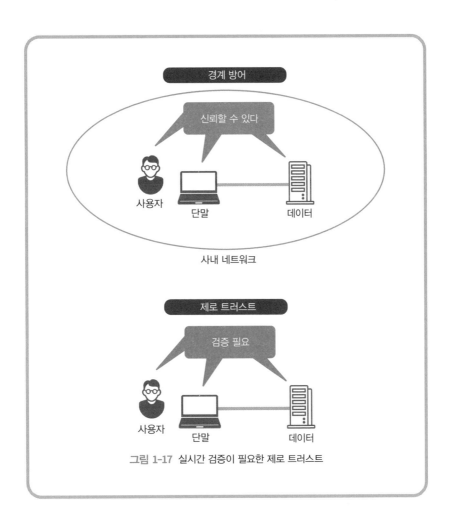

그림 1-17 실시간 검증이 필요한 제로 트러스트

🔒 정리

1 제로 트러스트는 '아무것도 신뢰하지 않는다'는 보안 사고방식이다. 사내 네트워크의 내부는 신뢰할 수 있다는 경계 방어가 한계를 보이기 시작했기 때문에 새롭게 고안된 방식이다.

2 경계 방어가 한계에 다다른 이유는 두 가지다. 하나는 지금까지 사내 네트워크 내부에 있던 사용자나 단말, 서버 등의 기기 및 데이터가 모두 외부로 나간 것이다. 사용자는 원격 근무가 보급되면서 외부로 나갔고, 서버 등의 기기나 서버에 둔 데이터는 시스템 운영비의 절감과 편의성 때문에 클라우드로 전환됐고 기업의 시스템 자체가 클라우드화되었다.

3 경계 방어가 한계에 다다른 또 다른 이유는 사이버 공격의 고도화다. 2010년 이후 특정 조직을 노린 고도의 표적형 공격인 APT 공격이 나타났다. APT 공격은 제로 데이 공격이나 주문 제작 방식의 맬웨어 등이 사용돼 모두 지키는 것이 어려워졌다. 또한 한 번이라도 APT 공격으로 경계 방어의 안쪽으로 침입했다면 사내 네트워크 전체가 피해를 본다. 이를 방지하고자 사내 네트워크라고 반드시 안전한 구역이라고 간주하지 않고 사내에서 접근해도 신뢰하지 않는 제로 트러스트의 사고방식이 필수가 됐다.

4 제로 트러스트라는 사고방식 자체는 2000년대 초반부터 주장됐다. 다만 어떻게 구현해야 하는지 구체적인 예시와 제품 및 서비스가 없어 실현이 어려웠다. 상황을 바꾼 것은 구글이 자사에 구축

한 제로 트러스트 '비욘드코프'다. 구글은 비욘드코프 기술을 논문으로 발표했고 보안 회사들도 제로 트러스트에 이용할 수 있는 제품과 서비스를 시장에 적극적으로 제공하기 시작했다. 제로 트러스트의 도입 장벽은 낮아졌고 국내외로 도입 사례가 늘고 있다.

5 제로 트러스트는 접근한 곳을 의심하는 것이 전제다. 사용자나 단말 인증이 중요하다. 경계라는 보안이 존재하지 않는 만큼 네트워크 전체를 감시하는 등 경계 방어에서는 철저히 하지 않았던 대책을 도입해야 한다. 보안의 근본적인 사고방식을 바꾸는 것만 아니라 보안 수준을 높여야 한다.

제로 트러스트를
실현하는 기술

쉽지 않은 제로 트러스트로의 전환

1장에서는 제로 트러스트의 개요를 설명했다. 제로 트러스트가 주목받는 이유는 무엇일까? 기업이나 조직을 둘러싼 환경이 변하면서 지금까지의 경계 방어가 한계에 직면했다. 한계에 다다른 경계 방어의 대안으로 제로 트러스트가 등장했다.

한시라도 빨리 보안 체계를 경계 방어에서 제로 트러스트로 전환하고 싶을 것이다. 2장에서는 제로 트러스트 실현에 필요한 보안 기능과 경계 방어와 비슷한 기능 및 차이점을 설명한다.

경계 방어에서 제로 트러스트로 전환하는 것은 쉽지 않다. 제로 트러스트는 경계에서의 방어에 의존하지 않는다. 즉 경계에서의 방어가 없어져 사용자나 단말, 업무 애플리케이션, 서버 등은 '맨몸'이 된다. 경계 방어에서 했던 보안 기능을 제로 트러스트는 다른 형태로 실현해야 한다(그림 2-1).

경계 방어에서는 경계를 지키는 기기나 서비스를 일원화했지만 제로 트러스트는 단말이나 서버, 업무 애플리케이션이 보안 기능을 각각 갖춰야만 한다. 지금까지는 강력한 보안 기능을 요구하는 조직이나 일부 부서에만 필요했던 보안 기능을 조직 전체에 적용하는 경우도 생겼다. 당연히 비용이 필요하다. 전체적인 설계를 적절히 해야 한다. 또한 보안 운영 정책의 재검토도 필요하다. 제로 트러스트로 전환하는 것이 어려운 이유다.

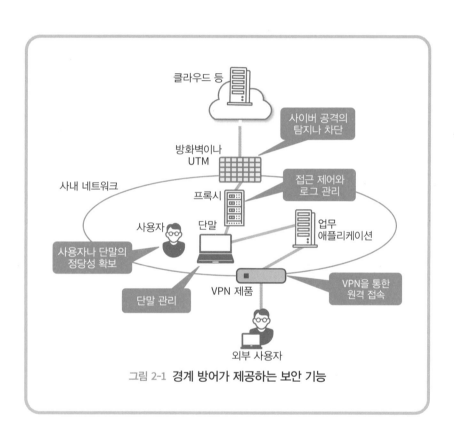

클라우드 등

사이버 공격의
탐지나 차단

방화벽이나
UTM

접근 제어와
로그 관리

사내 네트워크

프록시

사용자

단말

업무
애플리케이션

사용자나 단말의
정당성 확보

단말 관리

VPN 제품

VPN을 통한
원격 접속

외부 사용자

그림 2-1 **경계 방어가 제공하는 보안 기능**

제로 트러스트 실현에 필요한 기능

먼저 제로 트러스트에 필요한 보안 기능을 보자(그림 2-2). 제로 트러스트는 사고방식이다. 실현 방법은 다양하다. 경계 방어의 실현 방법이 조직에 따라 다른 것과 마찬가지다. 물론 2장에서 언급하는 모든 것을 갖추지 않더라도 제로 트러스트를 실현할 수 있다. 조직의 특성이나 요구에 따라 선택해 조합하면 된다.

구체적으로 어떤 기능이 필요한지 알아보자. 우선 사용자나 단말의 인증 기능이다. 지금까지의 경계 보안에서는 사내 네트워크 내부나 VPN을 경유해 외부에서 접속하는 사용자 혹은 단말은 안전하다고 간주했다. 하지만 제로 트러스트에서는 사용자나 단말이 정당한 목적으로 접속했는지 업무 애플리케이션과 서버가 엄격하게 확인해야 한다.

외부에서 사내의 업무 애플리케이션에 접근할 때는 VPN을 대체하는 구조도 필요하다. 시스템 관리자가 개별 단말을 관리하는 구조 또한 중요하다. 지금까지는 사내 네트워크에 연결돼 쉽게 관리하거나 관리할 필요가 없었지만 이제는 모든 단말을 원격으로 관리해야 된다.

경계 방어에서 프록시 서버가 담당했던 단말 관리 기능도 대체해야 한다. 경계 방어 네트워크에서는 사내에서 인터넷에 접속하는 것을 프록시 서버로 일원화해 관리하는 경우가 많았다. 프록시 서버만으로 접근 제어나 이용 관리 등이 가능했던 것이다. 예를 들어 URL 필터링 제품과 프록시 서버를 연계하면 유해한 웹사이트로 접속하는 것을 미연에 방지할 수 있었다. 조직이 허가하지 않은 클라우드 이용도 쉽게 제한했다. 인터넷 및 클라우드 접속 상태도 프록시 서버의 로그를 조사하면 일목요연하게 정리됐다. 그러나 제로 트러스트에서는 각 단말이 다양한 장소에서 인터넷을 이용해 웹사이트 및 클라우드에 접속한다. 이를 관리하는 구조가 별도로 필요해졌다.

제로 트러스트에서는 방화벽이나 UTM이 하던 방어도 없어진다. 모든 기기가 공격에 노출된다. 경계 방어일 때와 비교도 안 될 정도로 강력한 보안 대책이 필요하다. 그중 하나가 유해한 접근을 탐지하는 체계를 강화하는 것이다. 로그 감시를 예로 들 수 있다. 업무 애플리케이션이나 기기, 단말 등의 로그를 수집해 변화가 생겼는지 조사한다. 의도하지 않은 데이터가 외부로 유출되지 않았는지, 데이터가 도난당하지 않았는지 등도 감시해야 한다.

단말의 보안도 강화해야 한다. 단말은 '엔드포인트' 단말의 보안 대책은 '엔드포인트 보안'이라고 한다. 엔드포인트 보안은 일반적으로 맬웨어를 탐지 및 제거하는 바이러스 검사 소프트웨어antivirus software나 불순한 침입을 막는 개인 방화벽 등이 있다. 경계 방어에서도 사용했지만 제로 트러스트에서는 기존의 엔드포인트 보안은 부족하다. 기존의 엔드포인트 보안은 별도의 방화벽이나 UTM을 통한 방어가 있다는 것이 전제였다. 방화벽이나 UTM이 없는 제로 트러스트는 더욱 강력하고 똑똑한 엔드포인트 보안이 필요하다.

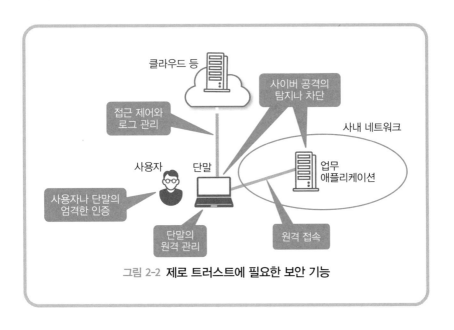

클라우드 등

사이버 공격의
탐지나 차단

접근 제어와
로그 관리

사내 네트워크

사용자   단말

업무
애플리케이션

사용자나 단말의
엄격한 인증

단말의
원격 관리

원격 접속

그림 2-2 **제로 트러스트에 필요한 보안 기능**

이처럼 제로 트러스트에서는 경계라는 제약이 없어져 편의성과 가용성은 높아지지만 경계가 제공했던 방어가 사라진다. 모든 방면에서 보안 수준을 높이는 것이 중요하다.

그러나 제로 트러스트에 요구하는 보안 기능이 새로운 것은 아니다. 강력한 보안 수준을 요구하는 조직이나 보안 의식이 높은 조직에서는 이미 도입한 기능 및 제품, 서비스다. 경계 방어에서 제로 트러스트로 전환하면 일반 기업과 조직도 동등한 기능 및 제품, 서비스를 조합해 사용하게 된다. 편의성과 가용성을 높이면서 보안까지 강화하는 데 필요한 당연한 '대가'다. 이제 제로 트러스트에서 요구되는 보안 기능을 더 자세하게 살펴보자.

다요소 인증이 필수인 이유

경계 방어와 제로 트러스트의 가장 큰 차이점은 경계 안이라는 안전지대의 유무다. 사내 네트워크에 설치된 업무 애플리케이션을 보자. 경계 방어가 지켜주는 사내 네트워크 내부의 기기가 접근한다면 조건 없이 신뢰하고 받아들인다. 경계 안의 단말이 안전하다고 판단하는 것은 경계 안에 들어가는 행위, 즉 사용자 및 단말 인증을 통과했다고 생각하기 때문이다. 물론 사용자 인증은 필요하지만 대부분 ID와 암호로 충분하다고 여긴다.

제로 트러스트에서는 의심부터 한다. ID 및 암호만으로 사용자를 인증하는 것은 충분하지 않다고 판단한다. 다요소 인증multi-factor authentication, MFA이 필수가 된다. 다양한 인증 요소(인증 방법)를 조합해 정식 사용자인지 자세하게 확인하는 방식이다. 인증 요소는 크게 '지식', '소지', '생체'로 분류한다(그림 2-3). 두 종류 이상을 조합해 동시에 통과할 수 있는지 확인해 인증의 정밀도를 높인다.

가장 많이 사용하는 ID 및 암호는 '지식'에 해당한다. 여기서 지식은 정식 사용자인 본인만 알고 있는 정보를 의미한다. ID 및 암호에 '소지' 혹은 '생체'에 해당하는 요소를 더하면 다요소 인증의 요건을 만족한다.

소지는 정식 사용자인 본인만 소지하고 있는 물건의 정보를 의미한다. 컴퓨터 USB 포트에 연결해 사용하는 보안 키나 IC 카드, 본인이 소유한 스마트폰, 태블릿 등이 해당한다. 미리 등록한 전화번호로 한 번만 사용할 수 있는 일회용 비밀번호one time password, OTP를 보내는 방식도 소지에 해당한다. OTP를 받을 수 있는 것은 소유자가 사전에 등록한 전화번호의 단말뿐이다.

생체는 사용자의 신체적인 특징을 의미한다. 지문이나 홍채, 손바닥 정맥, 얼굴 등이 해당한다. 이외에도 필적이나 키보드 입력과 같은 사용자 고유의 습관을 인증 방법으로 하는 경우도 있다.

그림 2-3 **세 가지 인증 요소**

위험 기반 인증으로 더욱 안전하게

MFA만이 아닌 위험 기반 인증risk-based authentication, RIBA의 도입도 검토해야 한다. RIBA는 사용자 및 단말의 상황에 맞춰 인증 기준이나 방법을 동적으로 변경하는 방식이다. 사용자가 접근하는 장소나 단말 상태 같은 상황context을 보고 의심스러운 행동이 포착되면 인증을 거부하거나 인증 요소를 늘린다. '상황 기반 인증'이라고도 불리는 이유다. 동일한 ID라도 다른 나라나 지역에서 짧은 시간 내에 접근했다면 제삼자의 접근일 가능성이 높다. 국가 간 이동은 쉽지 않기 때문이다. RIBA를 도입한 경우에는 일반적인 암호 입력에 더해 비정상적인 접근을 탐지하면 지문 혹은 문자 메시지 인증을 추가로 요구한다.

상황에 따라 부여하는 권한을 바꿀 수도 있다. 같은 사용자 및 단말이라도 보안 패치 적용이 늦어져 단말의 보안 대책이 충분하지 않다고 판단되면 접근할 수 있는 업무 애플리케이션을 제한한다. 일반적으로 경계 방어에서는 사용자에 따라 접근 가능한 권한을 설정하지만 제로 트러스트에서는 미리 정한 규칙(정책)과 대조해 그때마다 접근 권한을 변경한다.

MFA도 RIBA도 이전부터 존재했던 기술이다. 금융기관 등 강력한 보안 수준을 요구하는 극히 일부 조직이나 시스템에서만 사용했다. 제로 트러스트에서는 모든 기업이 MFA와 RIBA 도입을 검토해야 한다. 특히 MFA는 필수다. 아무것도 신뢰하지 않는 제로 트러스트에서는 굉장히 신중해져야만 한다.

클라우드로 실현하는 '관문'

기업과 조직이 요구하는 MFA나 RIBA를 개별 클라우드에 일일이 구현하는 것은 어렵다. 제로 트러스트에서는 사용자 및 단말 인증과 각 서비스의 접근 권한을 정하는 인가 기능을 일괄적으로 담당하는 '관문'을 마련하는 것이 현실적이다(그림 2-4).

클라우드 등에 접근하고 싶은 단말은 우선 관문에 접근해 철저한 사용자 인증을 통과해야 한다. 정당한 목적의 접근이라는 것을 보증하는 '인증서'와 서비스마다 허용되는 접근 권한을 규정한 '통행증'을 발행받는다. 통행증으로 개별 서비스에 접근하는 것이다. 사내 네트워크라는 경계의 영향을 받지 않는 제로 트러스트에서는 관문을 클라우드로 실현하는 것이 현실적이다.

MFA 등의 기반이 될 사용자 관리도 지금보다 더 엄격하게 해야 한다. 많은 조직에서는 경계 방어를 채택해도 윈도우가 표준으로 제공하는 '액티브 디렉터리active directory, AD' 등으로 이미 사용자를 관리하고 있을 것이다. 제로 트러스트에서는 관문인 클라우드가 사용자 관리도 담당한다. 신원 및 접근 관리identity and access management, IAM라고 한다. IAM은 3장에서 자세히 설명한다.

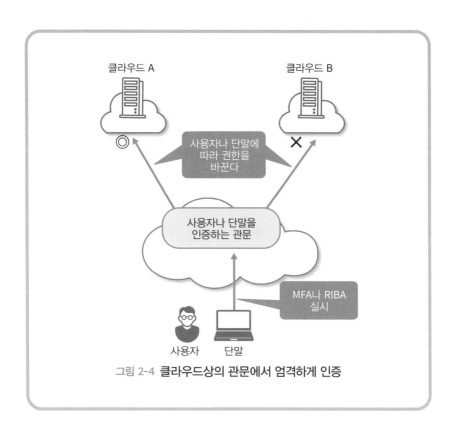

클라우드 A

클라우드 B

사용자나 단말에
따라 권한을
바꾼다

◎

✕

사용자나 단말을
인증하는 관문

MFA나 RIBA
실시

사용자   단말

그림 2-4 **클라우드상의 관문에서 엄격하게 인증**

외부에서 이용하는 업무 애플리케이션

클라우드 전성기라고는 하지만 아직도 많은 기업에서 기밀 등을 다루는 중요한 업무 애플리케이션은 사내에서 운영한다. 경계 방어에서는 중요한 업무 애플리케이션과 사용자의 단말을 같은 사내 네트워크에 두면서 접근 제어를 실현한다. 경계 안을 신뢰할 영역으로 보고 그 안에 있는 단말만 업무 애플리케이션에 접근할 수 있도록 한다. 외부 접근을 가능하게 하는 VPN도 마찬가지로 경계 방어의 확장이다. 사내 네트워크의 경계에 설치한 VPN 제품과 외부 단말을 암호화된 통신로로 연결해 외부 단말을 사내 네트워크에 있는 것처럼 취급한다.

경계를 없애는 제로 트러스트에서는 신뢰할 수 있는 영역이 존재하지 않아 업무 애플리케이션과 단말을 직접 연결해야 한다. 물론 실제로 직접 연결할 수는 없어 업무 애플리케이션과 단말을 중개하는 기능, 즉 관문을 도입한다(그림 2-5).

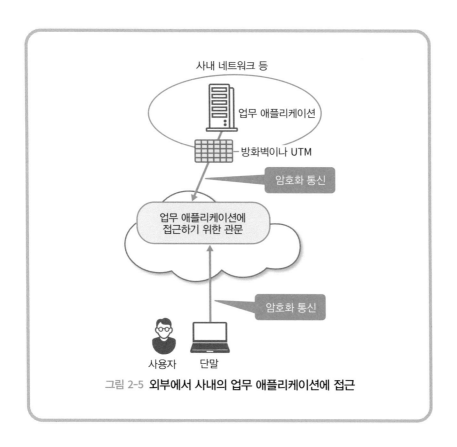

사내 네트워크 등

업무 애플리케이션

방화벽이나 UTM

암호화 통신

업무 애플리케이션에
접근하기 위한 관문

암호화 통신

사용자   단말

그림 2-5 **외부에서 사내의 업무 애플리케이션에 접근**

앞에서 '관문'이라는 표현을 사용했다. 1장에서 말한 관문은 사용자나 단말을 인증하는 기능이며 2장에서 말하는 관문은 업무 애플리케이션과 단말을 연결하는 기능이다. 후자의 관문도 인터넷상에 두는데 업무 애플리케이션과 단말이 각각 접근해 통신하는 개념이다. 즉 VPN을 이용할 때와는 달리 업무 애플리케이션은 '접속을 기다리는 입구'가 필요 없다. VPN을 사용하지 않아도 업무 애플리케이션을 이용할 수 있다. 제로 트러스트의 도입으로 편의성이 높아진 것이다.

다만 이 방식은 양날의 검이다. 업무 애플리케이션에 접근하기 위한 관문은 누구나 접근할 수 있어 적절한 접근 제어가 필수다. 적절한 접근 제어가 없다면 업무 애플리케이션을 인터넷에 공개한 것과 같다. 앞서 말한 인증을 위한 관문과 연계해 철저한 사용자 및 단말의 인증을 실시한 후 업무 애플리케이션에 접속하게끔 한다. 해당 기능은 ID 인지 프록시identity aware proxy, IAP라고도 불리는 클라우드 서비스로 실현한다. IAP는 3장에서 자세히 설명한다.

 ## 사용자의 인터넷 접근과 단말 관리

일반적으로 경계 방어에서는 사내 네트워크에 설치한 프록시 서버로 단말의 인터넷 접근을 일원화해 관리한다. 경계 안(사내 네트워크)의 단말이 프록시 서버를 경유하지 않으면 인터넷에 접근할 수 없다. 간단하고 확실하게 실현할 수 있다.

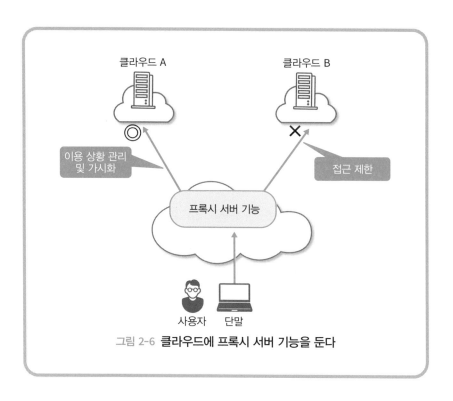

클라우드 A

클라우드 B

이용 상황 관리
및 가시화

접근 제한

프록시 서버 기능

사용자   단말

그림 2-6 **클라우드에 프록시 서버 기능을 둔다**

경계가 없는 제로 트러스트에서 같은 기능을 실현하려면 프록시 서버의 기능을 하는 클라우드 서비스를 이용하는 것이 좋다(그림 2-6). 클라우드 서비스로 프록시 서버 기능을 제공하면 단말이 어디에 있든 서비스에 접근할 수 있으며 단말의 인터넷 접근을 일원화해 관리할 수 있다. 프록시 서버의 접근 제어 역할을 하는 서비스는 보안 웹 게이트웨이secure web gateway, SWG, 클라우드의 이용 상황을 가시화하는 서비스는 캐스비cloud access security broker, CASB가 있다.

단말 관리도 중요하다. 경계 방어에서는 컴퓨터 같은 단말이 반출되는 것을 금지하면 정보가 유출되는 원인이나 단말을 경유한 사이버 공격을 막을 수 있었다. 제로 트러스트에서 단말은 외부에 있는 것이 전제다. 안전하지 않은 애플리케이션을 설치하거나 단말을 분실하거나 보안 설정을 허술하게 하면 정보 유출 등의 피해로 이어지기 쉽다.

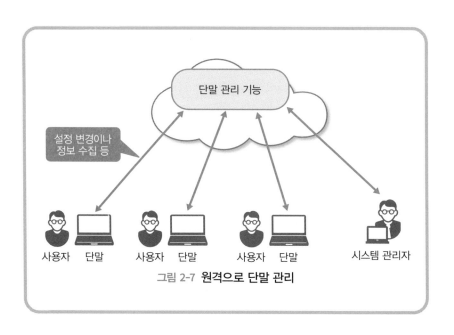

단말 관리 기능

설정 변경이나
정보 수집 등

사용자　단말　　사용자　단말　　사용자　단말　　　시스템 관리자

그림 2-7 **원격으로 단말 관리**

또한, MFA에서는 사용자가 사용하는 단말 자체를 인증 요소로 하는 경우도 많다. 조직이 대여한 단말이 아니라면 업무 애플리케이션에 접근하지 못하게 하는 운영 방식이다. 단말은 업무나 업무 애플리케이션 이용을 위한 도구일 뿐 아니라 제로 트러스트를 실현하는 데 열쇠가 될 중요한 요소 중 하나다. 엄격한 단말 관리가 필요하다. 이는 단말 관리도 제로 트러스트에서 필수 기능이라는 의미다. 다른 기능과 마찬가지로 단말 관리 기능도 클라우드로 실현할 수 있다(그림 2-7). 단말을 관리하는 제품이나 서비스는 새로운 것이 아니다. MDM mobile device management(모바일 단말 관리) 혹은 MAM mobile application management(모바일 애플리케이션 관리)이라고 한다. 직원에게 스마트폰 등의 단말을 주는 조직에서는 이미 도입했을 것이다.

사이버 공격의 징조나 흔적 탐지

제로 트러스트에서는 단말이나 서버, 클라우드 등이 사이버 공격을 받을 수 있다는 것을 전제로 감시를 강화해야 한다. 기존의 경계 방어에서는 사내 네트워크의 데이터를 감시해 침입 탐지 시스템 intrusion detection system, IDS이나 침입 방지 시스템 intrusion prevention system, IPS과 같은 제품으로 사이버 공격을 탐지할 수 있었다. 각 단말이 어느 경로로 통신하는지 모르는 제로 트러스트에서는 사내 네트워크를 흐르는 데이터의 감시로 변화를 알아채는 것은 어렵다. 조직이 관리하는 기기 및 클라우드의 로그를 수집하고 분석해 부적절한 접근의 징조를 탐지하는 방법을 도입하는 것이 좋다(그림 2-8).

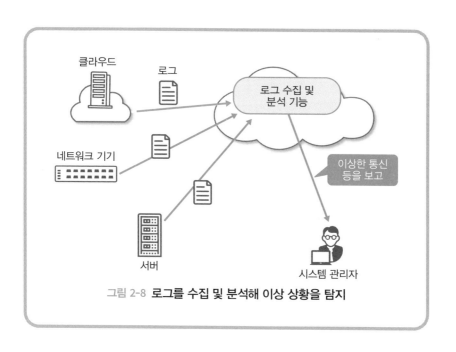

클라우드

로그

네트워크 기기

서버

로그 수집 및
분석 기능

이상한 통신
등을 보고

시스템 관리자

그림 2-8 **로그를 수집 및 분석해 이상 상황을 탐지**

부적절한 접근을 탐지할 수 있는 제품이나 서비스는 SIEM_{security information and event management}(보안 정보와 이벤트 관리)이라고 불린다. 이전부터 있었던 SIEM 제품과 서비스가 반드시 보안 수준을 높여야 하는 제로 트러스트의 등장으로 다시금 주목받고 있다.

네트워크 기기와 서버뿐만 아니라 단말도 감시해야 한다. 데이터베이스에 등록된 맬웨어나 사이버 공격을 탐지하면 제거하거나 차단하는 기존의 엔드포인트 보안으로는 지켜낼 수 없다. 이벤트 로그 등으로 이상 상황을 탐지해 알려지지 않은 공격도 막아야 한다. 또한 피해가 생겼다면 감염이 확산되지 않도록 자가 복구하는 기능이 필요하다. 지능형 개인 방화벽과 바이러스 검사 소프트웨어 같은 기능이며, 엔드포인트 탐지 및 대응_{endpoint detection and response, EDR}이라고 불린다. 바이러스 검사 소프트웨어를 제공하는 대부분 개발사는 최근 EDR 제품도 판매하기 시작했다.

🗂 정리

1. 경계 방어에서 제로 트러스트로 전환하려면 경계 방어로 실현했던 보안 기능을 다른 형태로 실현하기 위해 다음의 제품 및 서비스를 도입해야 한다.

2. MFA(다요소 인증)이나 RIBA(위험 기반 인증)을 실현할 수 있도록 기존보다 강화된 사용자 및 단말 인증, 인가를 제공하는 제품과 서비스

3. VPN을 사용하지 않고 업무 애플리케이션으로 접근할 수 있는 클라우드 서비스

4. 사용자의 인터넷 접근 제어나 클라우드 이용 상황 파악, 단말 관리 등을 담당하는 클라우드 서비스

5. 사이버 공격의 감시를 강화하는 서비스. 기기나 서비스의 로그를 수집하고 분석해 부적절한 접근의 징조를 탐지하는 클라우드 서비스와 단말을 방어하는 EDR(엔드포인트 탐지 및 대응).

표 2-1 제로 트러스트와 경계 방어에 필요한 보안 기능의 차이

보안 기능	경계 방어	제로 트러스트
사용자 인증	ID와 암호	MFA(다요소 인증), RIBA(위험 기반 인증)를 사용한 통합 인증(single sign-on, SSO)
업무 애플리케이션의 이용 인가	업무 애플리케이션마다 개별로 설정	접근 정책과 대조해 그때마다 판단
사이버 공격의 탐지 및 방어	경계에 설치한 방화벽이나 UTM	SIEM(보안 정보와 이벤트 관리)

표 2-1 제로 트러스트와 경계 방어에 필요한 보안 기능의 차이 (계속)

보안 기능	경계 방어	제로 트러스트
사용자의 웹 접근 관리	경계에 설치한 프록시 서버	• SWG(보안 웹 게이트웨이) • CASB
외부에서 업무 애플리케이션 이용	VPN	IAP(ID 인지 프록시)
단말 관리	없음(사내 네트워크는 안전)	• MDM(모바일 단말 관리) • MAM(모바일 애플리케이션 관리)
단말 보호 (엔드포인트 보안)	개인 방화벽과 바이러스 검사 소프트웨어	EDR(엔드포인트 탐지 및 대응)

3

제로 트러스트를
구성하는 서비스

제로 트러스트를 실현하는 클라우드

2장에서는 제로 트러스트에 요구하는 기능을 정리했다. 제로 트러스트의 핵심은 엄격한 사용자 및 단말 인증, 인가를 실현하는 기능과 VPN을 사용하지 않고 업무 애플리케이션에 접근할 수 있는 기능이다. 경계라는 방어가 없는 제로 트러스트에는 이 기능들이 보안 면에서 역부족이다. 사이버 공격에 노출될 수 있다는 것을 전제로 모든 방법을 총동원해 보안 수준을 높여야 한다. 3장에서는 2장에서 설명한 기능을 실현하는 클라우드 서비스, 즉 제로 트러스트의 구성 요소가 되는 클라우드 서비스를 자세히 알아본다.

제로 트러스트는 보안 관련 사고방식이며, 다양한 방법으로 실현할 수 있다. 3장에서 소개할 클라우드 서비스를 이용하지 않아도 제로 트러스트일 수 있다. 제로 트러스트도 경계 방어처럼 각 보안 수준이 다르다. 같은 경계 방어로 지키고 있는 네트워크라도 도입한 보안 제품 및 서비스 수량과 종류가 다르며 비용도 다르다. 당연히 그에 따른 보안 수준도 다르다.

또한, 경계 방어와 제로 트러스트는 공존할 수 있다. 경계 방어에서 제로 트러스트로 전환할 때는 경계 방어로 지킬 업무 애플리케이션과 서버는 남기고 단말이나 새롭게 이용을 시작하는 클라우드는 제로 트러스트로 운영하는 방법이 좋다. 실제로 제로 트러스트를 전면 도입한 기업과 조직 중에도 일부 시스템은 경계 방어로 지키고 외부는 VPN으로 접속하는 방법을 채택한 곳이 많다.

IAM: 사용자 인증과 필요한 권한 인가

제로 트러스트에서는 경계 방어와 달리 '조건 없이 신뢰할 수 있는 사용자'가 없다. 접근한 상대방을 인증하고 필요한 권한을 부여하는 인가 기능은 제로 트러스트 구축의 핵심 중 하나다. 인가 기능을 담당하는 서비스가 IAM identity and access management(신원 및 접근 관리)이다.

IAM은 시스템을 이용하는 사용자의 ID와 속성 정보(이름이나 소속, 직책 등)를 연동해 보관하는 'ID 데이터베이스'와 이용할 수 있는 애플리케이션과 데이터 등을 규정하는 '접근 정책'에 따라서 사용자 인증이나 애플리케이션 인가를 관리한다(그림 3-1).

사용자가 데이터나 애플리케이션 등에 접근할 때는 IAM이 먼저 사용자를 인증한다. 사용자 본인만 아는 암호 등을 입력하도록 해 사용자 본인의 정당한 접근인 것을 확인한다.

일반적으로 IAM은 MFA(다요소 인증) 기능을 제공한다. 암호처럼 사용자만 아는 정보로 인증하는 것뿐만 아니라 등록된 단말 이외는 접속시키지 않는다는 인증 기능도 지원한다. 스마트폰 등 본인의 소유물에 보낸 문자 메시지에 OTP를 입력시키는 것도 소지 관련 인증이다. 지문 등의 생체로 인증하는 경우도 있다. 최근에는 스마트폰 등 많은 단말이 지문이나 얼굴 인증을 지원해 생체 인증이 쉬워졌다.

IAM은 인증에 이어 접근 정책에 따라 ID에 데이터나 애플리케이션으로 접근하는 것을 인가한다. 접근 정책이란 '개발부 직원의 개발용 클라우드 이용을 허가한다'처럼 사용자의 소속 부서나 직무에 따라 접근할 수 있는 업무 애플리케이션과 데이터 종류를 전환하는 것이다. 시스템 관리자는 ID와 연계해 관리하는 속성 정보 등을 기준으로 필요한 애플리케이션으로 접근하는 것을 허가한다. 반대로 그 사용자에게는 업무상 필요 없는 애플리케이션으로 접근하는 것을 금지하는 접근 정책도 설정할 수 있다.

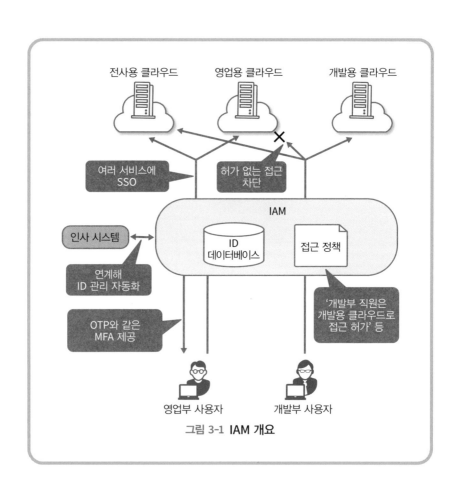

전사용 클라우드   영업용 클라우드   개발용 클라우드

여러 서비스에
SSO

허가 없는 접근
차단

IAM

인사 시스템

ID
데이터베이스

접근 정책

연계해
ID 관리 자동화

OTP와 같은
MFA 제공

'개발부 직원은
개발용 클라우드로
접근 허가' 등

영업부 사용자   개발부 사용자

그림 3-1 IAM 개요

SSO 기능 제공

IAM은 SSO~single sign-on~(통합 인증) 기능도 제공한다. 사용자가 한 번의 인증으로 여러 클라우드 서비스나 애플리케이션에 로그인할 수 있도록 해주는 구조를 의미한다.

서로 다른 용도로 사용하는 클라우드 서비스들과 업무 애플리케이션을 함께 쓰는 조직이 많다. 서비스마다 따로 인증하는 방식을 택하면 사용자가 번거로울 뿐만 아니라 관리도 불필요한 수고가 많이 든다. 또한, 정보 유출, 유해한 접근 등의 위험도 커진다. 그러나 SSO를 사용하면 사용자는 IAM 로그인 방법만 알면 된다. 여러 클라우드 서비스 및 애플리케이션에 일일이 로그인하지 않아도 돼 아주 매끄럽게 이용할 수 있다.

IAM에는 ID 관리를 자동화하는 기능도 제공있다. ID 관리 시스템은 인사 시스템과 연동할 수 있다. 인사 시스템에 신입 직원을 등록하면 자동으로 새로운 ID를 만들고 그만두면 직원의 ID를 자동으로 삭제한다. IAM은 인사 시스템의 정보와 연동돼 항상 최신 상태를 유지한다.

사용자나 단말의 상황을 판단해 인증 기준 및 방법을 동적으로 변경하는 'RIBA(위험 기반 인증)'도 도입할 수 있다. RIBA란 사용자가 접근한 장소, 단말 상태 같은 상황을 확인해 의심스러운 행동을 한다고 판단되면 인증을 거부하거나 인증 요소를 늘리는 인증 방식이다. 동일한 ID지만 여러 나라나 지역에서 짧은 시간 내 접근했다면 제삼자의 접근일 가능성이 높다고 판단해 일반적인 암호 입력에 지문 인증을 추가로 요구한다. RIBA를 도입하면 유해한 접근의 위험을 줄일 수 있다.

IAM은 MDM(모바일 단말 관리)이나 EDR(엔드포인트 탐지 및 대응) 등에서 수집한 단말의 보안 정보, SIEM(보안 정보와 이벤트 관리)이나 CASB 등이 발견한 사용자의 의심스러운 행동에서 인증을 요구한다. 실시간으로 해당 정보를 수집해 자동으로 인증 강도를 바꾸는 것이 가능하다.

기존 경계 방어에서도 IAM을 이용했다. 기업 등에 널리 보급된 대표적인 제품 및 서비스에는 마이크로소프트의 AD가 있다. AD는 조직 내에 전용 서버를 설치해 사용하는 온프레미스 제품이었지만 지금은 클라우드 제품도 있다. 이처럼 최근의 IAM은 클라우드 서비스화되어 간단하게 다른 클라우드 서비스와 연계할 수 있다. 이런 환경의 변화로 제로 트러스트 실현도 쉬워졌다.

IAP: 외부에서 사내의 업무 애플리케이션에 접근

제로 트러스트를 실현하는 데 가장 큰 장벽은 사내 네트워크에서 사용 중인 업무 애플리케이션이다. 특히 조직이 독자적으로 개발한 업무 애플리케이션은 클라우드로 이전하는 것이 설계상 어렵거나 이전에 비용이 들어 모든 것을 클라우드로 전환하는 것은 어렵다.

이런 이유로 사내 네트워크에 있는 업무 애플리케이션은 VPN을 경유해 접근했다.

최근에는 IAP$_{identity\,aware\,proxy}$(ID 인지 프록시) 기술이 등장해 이 문제를 해결했는데, VPN을 사용하지 않고 인터넷으로 사내의 업무 애플리케이션에 접근하는 환경이 마련됐다. IAP 도입으로 보안을 강화하는 동시에 탈$_{脱}$VPN도 꾀할 수 있다.

IAP는 사용자와 애플리케이션 간 통신을 중개하는 프록시다. 애플리케이션의 관문 또는 문지기다. 사내 네트워크에는 '커넥터$_{connector}$'라고 불리는 서버를 설치한다. 커넥터로 클라우드 서비스인 IAP와 연계된다. 사용자와 사내의 업무 애플리케이션 간 통신을 중계해 인터넷으로 사내의 업무 애플리케이션을 이용할 수 있도록 한다. IAP는 통신을 암호화하기 때문에 인터넷을 경유해도 안전하게 업무 애플리케이션을 이용할 수 있다(그림 3-2).

ID 인지형이라고 불리는 것은 사용자가 애플리케이션을 이용할 때마다 IAM과 연계돼 인증이나 인가를 다시 하기 때문이다. 부적절한 접근이 의심되는 경우는 MFA 등 평소보다 더 엄격하게 사용자 인증을 실시한다.

경계 방어에서는 사내 네트워크에 있는 사용자 및 단말은 안전하다고 판단해 업무 애플리케이션으로 접근하는 것을 아무 조건 없이 허가했다. 사내 네트워크도 신뢰하지 않는 제로 트러스트에서는 접근하는 곳이 어디든 신뢰하지 않는 것이 기본 운영 방식이다. 제로 트러스트는 외부와 사내의 통신을 중계하는 IAP를 IAM과 연계시켜 안전성을 확보한다.

엄격한 제로 트러스트에서는 접근하는 장소가 어디든 IAP를 경유해 업무 애플리케이션에 접근해야 한다. 사내 사용자라도 안전하다고 보지 않는다. 이 구성에서는 IAP가 IAM과 연계돼 이용할 때마다 사용자와 단말을 확인해 보안이 강화된다. 그러나 IAP와 IAM을 연계하는 부분을 얼마나 엄격하게 운영할지는 조직의 사고방식에 달려 있다. 실제로 제로 트러스트와 경계 방어를 함께 사용하는 기업과 조직에서 IAP를 경유하지 않고 사내에서 접근할 수 있는 방식을 취하기도 한다.

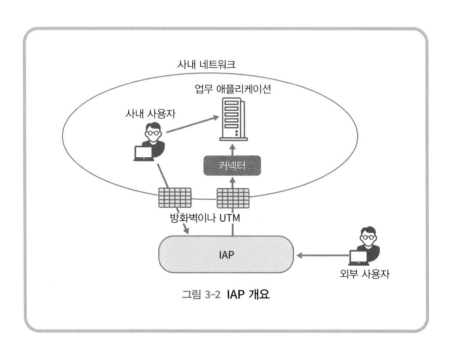

사내 네트워크

업무 애플리케이션

사내 사용자

커넥터

방화벽이나 UTM

IAP

외부 사용자

그림 3-2 **IAP 개요**

VPN의 대안으로 떠오른 IAP

IAP는 VPN의 대안으로도 주목받고 있다. IAP와 VPN 모두 외부 사용자가 사내 네트워크에 설치된 업무 애플리케이션을 이용하기 위한 수단이다. IAP와 VPN은 크게 두 가지 차이점이 있다.

첫째, VPN은 사내 네트워크로 접근하는 것을 제어하지만 IAP는 애플리케이션 단위의 접근을 제어한다.

VPN은 사용자가 한 번 사내 네트워크에 들어오면 이후에는 사내에 있다고 판단해 확인하지 않는다. 모든 서버에 접근할 수 있다. VPN과 같은 방식의 방어는 사이버 공격에 취약하다. 정식 사용자로 위장한 공격자가 VPN을 경유해 침입하면 사내 네트워크 전체가 피해를 당할 수 있다. 1장에서 설명한 것처럼 횡 방향 이동을 허용하게 된다.

반면 IAP에서 업무 애플리케이션에 직접 접근하는 것은 커넥터이며 사용자는 사내 네트워크의 서버에 직접 접근할 수 없다. 업무 애플리케이션을 이용할 때마다 사용자나 단말의 인증 및 인가를 실시한다. 공격자가 ID나 암호를 탈취해 정식 사용자로 위장해도 접근 장소의 환경(장소나 단말 등)이 변했다는 것을 탐지해 이용할 수 없도록 하는 것이 가능하다.

둘째, IAP는 VPN보다 네트워크 설계가 간단하다.

VPN을 이용하려면 외부(인터넷 쪽)에 있는 사용자가 VPN 제품에 접근할 수 있어야 한다. VPN 제품을 사내 네트워크의 '밖'에 두어야 한다. 인터넷과 사내 네트워크 환경 사이에 DMZ(비무장지대)라고 불리는 구역을 둔다. VPN 제품을 DMZ에 배치하거나 외부의 통신이 VPN 제품에 도달할 수 있도록 방화벽에 '구멍'을 뚫는다. 어려운 설계는 아니지만 네트워크 설계나 운영을 복잡하게 만든다. 또한 설정 오류 등으로 외부의 공격을 초래하기도 한다.

반면 IAP의 커넥터 설치 및 운영은 복잡하지 않다. 커넥터를 사내 네트워크 안에 설치하기만 하면 된다. 인터넷에 있는 IAP와의 통신은 커넥터 쪽에서 개시하는 형태다. 네트워크 기기의 설정을 변경하지 않아도 바로 사용할 수 있다. 사내 단말에서 웹사이트를 열람하는 경우와 같은 것으로 본다. 방화벽에 구멍을 뚫는 것 같은 특별한 설정은 필요하지 않으며 안전이 유지된다.

IAP는 VPN과 비교해 보안을 강화할 뿐만 아니라 사내 네트워크나 방화벽 설정을 바꾸지 않아도 돼 VPN보다 쉽게 도입할 수 있다.

인터넷을 경유해 사용할 수 있는 업무 애플리케이션

IAP의 기본 구성으로는 웹에서 사용하는 프로토콜인 HTTP 및 HTTPS 통신만을 리다이렉트한다. 지원 범위가 웹 브라우저에서 이용할 수 있는 업무 애플리케이션으로 한정된다. 그러나 클라우드로 이전할 수 없는 오래된 업무 애플리케이션 등에는 아직 전용 클라이언트 소프트웨어client software를 사용하기도 한다. 대부분 IAP 개발사가 전용 에이전트 소프트웨어agent software를 마련해 오래된 업무 애플리케이션을 지원하는 이유다.

에이전트 소프트웨어는 사용자 단말의 모든 통신을 인터넷 표준 규격인 TLStransport layer security를 사용해 암호화 및 캡슐화한다. 캡슐화된 통신은 클라우드 서비스인 IAP에서 사내 네트워크 안의 커넥터로 보내지며 캡슐이 풀리면서 업무 애플리케이션 서버로 보내진다. 외부 사용자가 사내에 있는 것처럼 업무 애플리케이션을 이용할 수 있다.

사내 네트워크에서 운영하는 업무 애플리케이션은 사내에서의 이용을 전제로 설계됐다. 그런데 사내 DNS 서버나 사내에서 이용하는 사설 IP 주소가 운영의 전제가 되는 경우가 있다. 이와 같은 업무 애플리케이션을 IAP는 인터넷을 경유해 이용할 수 있도록 한다.

인터넷을 경유해 업무 애플리케이션을 사용할 수 있도록 하는 두 가지 구조가 있다. 하나는 IAP가 사용자에게 외부에서 접근할 수 있는 FQDNfully qualified domain name(전체 주소 도메인 네임)을 제공하고 사내 네트워크의 FQDN과 매핑하는 방법이다. 다른 하나는 IAP의 에이전트를 사용하는 방법이다. IAP의 에이전트로 클라이언트가 서버의 사설 IP 주소로 보낸 데이터를 IAP에 전송한다. IAP는 해당 데이터를 사내 네트워크에 있는 커넥터에 전송하며 커넥터는 서버가 있는 사설 IP 주소로 해당 데이터를 전달한다.

SWG: 사용자의 인터넷 접근을 관리

SWGsecure web gateway(보안 웹 게이트웨이)는 사용자 단말을 드나드는 데이터를 확인하는 클라우드 서비스다. 프록시 서버로 작동하며 웹사이트나 다른 클라우드 서비스 및 사용자의 단말 사이에 끼어들어 주고받는 데이터를 중계하거나 확인한다(그림 3-3).

SWG는 사용자가 유해한 웹사이트나 클라우드로 접근하는 것을 막으면서 동시에 맬웨어 등의 유해한 데이터가 사용자 단말에 침입하는 것을 막는다. 경계 방어의 사내 네트워크에 있는 방화벽이나 UTM, 프록시 서버의 역할을 한다. 사용자가 어디에 있든 SWG를 경유하면서 인터넷상의 위험에서 사용자 및 단말을 지킬 수 있다. 경계 방어에서 외부 사용자는 VPN으로 사내 네트워크에 접속한 후 방화벽 등을 경유해 클라우드에 접근했다. 그러나 SWG를 이용하면 불필요한 과정이 필요 없어진다.

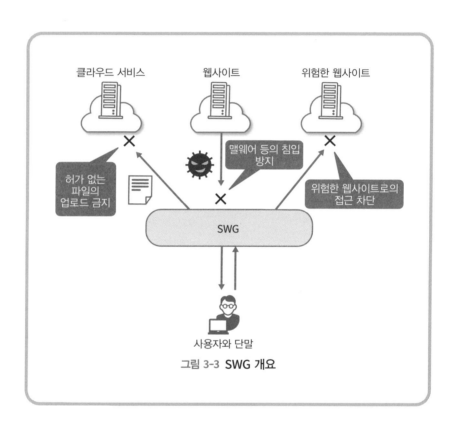

클라우드 서비스   웹사이트   위험한 웹사이트

허가 없는
파일의
업로드 금지

맬웨어 등의 침입
방지

위험한 웹사이트로의
접근 차단

SWG

사용자와 단말

그림 3-3 **SWG 개요**

SWG는 서비스마다 기능이 다르다. 맬웨어의 침입을 막는 기능을 보자. 알려진 맬웨어의 특징을 수집한 정의 파일을 사용해 맬웨어를 탐지하는 서비스가 있고 여기에 더해 샌드박스sandbox를 채택하는 서비스도 있다. 샌드박스란 데이터에 포함된 파일을 보호된 영역에서 실행해 행동을 살피는 구조를 말한다. 샌드박스를 사용하면 알려지지 않은 맬웨어를 탐지하는 경우가 있다.

대부분 SWG는 유해한 웹사이트로 접근하는 것을 차단하는 URL 필터링 기능이 있다. SWG를 제공하는 클라우드 운영자는 자사 또는 타사가 제공하는 블랙리스트에 있는 URL이나 IP 주소의 웹사이트로 접근을 시도하면 해당 통신을 차단한다.

정보 유출을 방지하는 데이터 유출 방지data loss prevention, DLP 기능을 갖춘 SWG도 있다. 허가되지 않은 클라우드에 업무 데이터가 업로드될 것 같으면 해당 통신을 차단한다.

클라우드로 접근하는 경우를 분석하는 기능과 이용을 제어하는 기능을 갖춘 SWG도 있다. CASB라고 불리며 DLP와 함께 독립된 클라우드 서비스로도 제공되며 제로 트러스트의 중요한 구성 요소 중 하나다. CASB와 DLP는 앞으로 자세히 알아보겠다.

CASB: 클라우드의 이용 상황을 감시하고 관리

경계 방어의 사내 네트워크에서는 사내에 설치한 프록시 서버를 경유해서 클라우드 서비스로 접근하는 것이 일반적이다. 프록시로 접근 제어를 일원화해 관리할 수 있으며 로그를 조사하면 접근 상황도 알 수 있다.

항상 사내 네트워크를 경유하는 것은 아닌 제로 트러스트에서는 사내의 프록시 서버로는 일원화 관리가 어렵다. 이때 유용한 것이 CASB_{cloud access security broker}(캐스비) 기능을 제공하는 클라우드 서비스나 제품이다(그림 3-4).

CASB 제품은 크게 네 종류의 기능으로 나눌 수 있다.

첫 번째는 클라우드의 이용 상황을 알 수 있는 기능이다. CASB는 클라우드와 연계돼 로그인 상태나 데이터의 업로드 및 다운로드 등의 정보를 얻는다. 사용자가 클라우드 스토리지 서비스에 보관한 기밀 정보를 외부에 공유하려는 경우 사용자나 시스템 관리자에게 경고를 보낸다. 허가되지 않은 클라우드로 접근하는 것도 차단한다. 이를 통해 기업이 허가하지 않은 클라우드를 직원이나 부서가 마음대로 사용하는 '섀도 IT_{shadow IT}'를 막을 수 있다.

두 번째는 DLP 기능이다. 기업이 정한 규칙에 따라 기밀 정보가 클라우드로 유출되는 것을 막는 기능이다. 기밀 정보를 찾으면 해당 정보를 암호화하거나 접근을 차단한다. DLP는 CASB와는 다른 서비스로 제공되는 경우가 있다.

세 번째는 컴플라이언스compliance(법령 준수) 기능이다. 이용하는 클라우드 서비스의 인증 기능이나 데이터 보호 기준 등이 국가나 업계의 규제, 기업의 컴플라이언스를 위반하지 않았는지 확인한다. 공공 기관의 감사에 필요한 증거를 확보하거나 보고서 작성도 지원한다.

네 번째는 위협을 방어하는 기능이다. 클라우드에서 맬웨어를 탐지한 경우에는 격리 등의 조치를 한다. 보안 수준이 낮고 정보 유출 등의 위험이 높은 클라우드로 접근하는 것도 차단한다.

CASB는 이름 그대로 브로커(중개인)로서 클라우드로의 통신을 모두 탐지해 검사하는 제품이나 서비스로 등장했다. 당초 제품은 모두 프록시였다. 현재는 클라우드 서비스인 API와 연계되는 제품 및 서비스도 CASB라고 부른다.

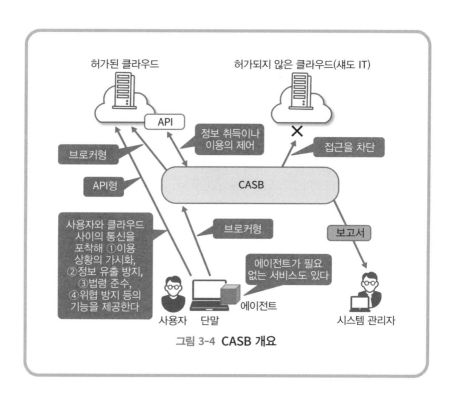

허가된 클라우드

허가되지 않은 클라우드(섀도 IT)

API

정보 취득이나
이용의 제어

접근을 차단

브로커형

API형

CASB

사용자와 클라우드
사이의 통신을
포착해 ①이용
상황의 가시화,
②정보 유출 방지,
③법령 준수,
④위협 방지 등의
기능을 제공한다

브로커형

보고서

에이전트가 필요
없는 서비스도 있다

사용자   단말   에이전트

시스템 관리자

그림 3-4 **CASB 개요**

브로커형 CASB에는 사용자의 단말에 전용 에이전트를 설치해 이용하는 형태도 있다. 브로커형은 클라우드 서비스도 지원할 수 있어 섀도 IT의 이용 상황을 파악하기 쉽다.

클라우드가 제공하는 소프트웨어끼리 연계되는 구조인 API를 사용하는 CASB(API형 CASB)도 있다. 원칙적으로 API형 CASB는 에이전트가 필요 없지만 기업이 이용을 허가한 클라우드만 지원한다. 기업이 이용을 허가한 클라우드는 섕크션 IT~sanction IT~라고 한다.

MDM, MAM: 모바일 단말과 애플리케이션 관리

대부분 단말이 사내 네트워크에 고정된 경계 방어와 달리 제로 트러스트에서는 다양한 장소에서 개별 단말이 사용되며, 개별 단말의 원격 관리가 필수다. 때에 따라 단말에서 작동하는 애플리케이션도 관리해야 한다. 이때 유용한 것이 스마트폰이나 태블릿, 노트북 등의 사용자 단말을 원격에서 관리하는 MDM~mobile device management~(모바일 단말 관리)과 단말에서 작동하는 애플리케이션을 개별적으로 관리할 수 있는 MAM~mobile application management~(모바일 애플리케이션 관리)이다.

MDM과 MAM도 이전부터 존재해 스마트폰 등을 직원에게 제공하는 조직에서는 도입한 서비스다. 제로 트러스트의 다른 구성 요소와 마찬가지로 클라우드의 등장으로 이용이 쉬워졌다. MDM이나 MAM을 사용하면 여러 단말에 기업의 보안 정책에 따른 설정 및 카메라 등의 특정 기능을 금지하거나 위험한 애플리케이션의 삭제 같은 조작을 한 번에 실시할 수 있다. 업무용 단말이나 애플리케이션에 같은 보안 정책으로 관리하는 것은 사내 네트워크라는 경계가 없는 제로 트러스트에서 필수다.

MDM은 클라우드 또는 사내 네트워크에서 운영하는 관리 서버와 사용자 단말에서 작동하는 에이전트로 구성된다. 시스템 관리자가 관리 서버에서 단말로 명령을 보내고 그 명령을 받은 단말의 에이전트가 명령을 실행한다(그림 3-5).

MDM의 기본 기능은 크게 네 종류로 나눌 수 있다.

첫 번째는 자산 관리 도구 기능이다. 단말의 자산 번호나 OS 버전, 보안 패치의 적용 유무, 단말이 있는 장소 등 자동으로 다양한 정보를 수집한다. 시스템 관리자는 각 단말을 집중적으로 관리할 수 있게 된다. 다른 클라우드와 연계시킬 수도 있다. IAM과 연계시키면 '최신 보안 패치가 적용되지 않은 단말은 접근을 거부하거나 추가적인 사용자 인증을 요구한다' 같은 운영 정책을 자동으로 실시한다.

두 번째는 클라이언트 관리 도구 기능이다. 여러 단말에 초기 설정이나 업무 애플리케이션 배포 등을 한 번에 실시한다. 시스템 관리자가 '프로필'이라고 불리는 설정 데이터를 만들면 MDM 관리 서버에서 일괄로 배포해 자동 적용시킨다. 사용자의 소속 부서나 직책에 따라 다른 프로필을 만들어 적용하는 것도 가능하다.

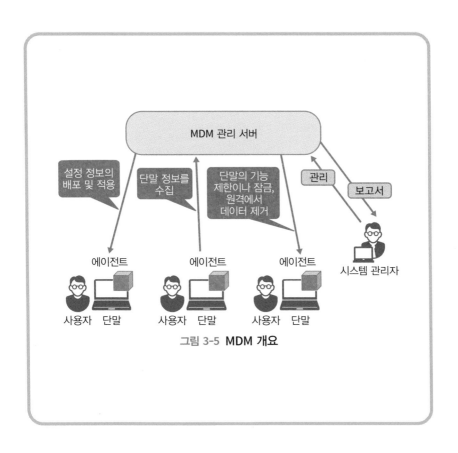

그림 3-5 **MDM 개요**

세 번째는 단말의 기능을 강제적으로 금지하는 기능이다. 예를 들면, 단말에 내장된 카메라의 실행이나 SD 메모리 카드로의 접근을 금지한다. 이를 통해 촬영 금지 장소에서의 촬영이나 대외비인 회의 녹음 등 고의나 과실에 의한 유해한 단말의 이용을 막는다.

네 번째는 원격 잠금과 원격 삭제 기능이다. 외부에서 단말을 분실하거나 도난당한 경우 네트워크로 단말을 조작할 수 없게 하거나 데이터를 삭제해 공장 출하 상태로 되돌린다. 단말을 통한 정보 유출을 방지할 수 있다.

MAM은 단말에서 작동하는 애플리케이션을 관리하는 기술이나 제품, 서비스를 말한다. 단독으로 제공하는 경우도 있지만 MDM 기능 중 하나로 포함하는 경우가 늘고 있다. MAM은 애플리케이션마다 '외부 애플리케이션과의 연동 금지', '복사 및 붙여넣기 금지' 등의 보안 정책을 적용할 수 있다.

주요 MAM은 업무 애플리케이션이 작동하는 가상 영역을 단말에 만들어 개인 애플리케이션과 분리하는 구조다. 업무 애플리케이션과 개인 애플리케이션 사이에서는 데이터를 주고받을 수 없다. 개인이 소유한 스마트폰 등의 단말을 업무에도 사용하는 BYOD_{bring your own device}나 업무용 단말에서 사적 사용을 일부 허가하는 운영 방식에서도 쉽게 안전성을 확보할 수 있다.

SIEM: 로그 분석으로 위험의 싹을 자르다

불특정 다수가 접근할 수 있는 인터넷 데이터는 신뢰할 수 없다. 공격자는 네트워크를 흐르는 어떤 데이터라도 읽을 수 있으며, 탐지되지 않고 데이터를 위장할 수 있다. 경계라는 방어가 없는 제로 트러스트에서는 이를 전제로 방어를 강화해야 한다. 이상 상황을 재빨리 탐지하는 구조가 필수다. 그중 하나가 다양한 종류의 로그(접근이나 이용 기록)를 분석해 사이버 공격을 발견하는 SIEM_{security information and event management}(보안 정보와 이벤트 관리)이다.

SIEM은 사내 네트워크의 보안 제품이나 네트워크 기기, 업무 애플리케이션, 클라우드 서비스, 사내 서버나 사용자 단말의 OS 등이 생성하는 로그를 수집하고 분석해 평소와는 다른 움직임을 발견한 후 사이버 공격 등의 징조를 탐지한다(그림 3-6).

SIEM의 가장 기본 기능은 이상 탐지다. 로그를 시간순으로 분석해 평소와는 다른 '이상'한 움직임을 실시간으로 탐지하고 사이버 공격에 대응하는 전문 부서인 SOC_{security operation center}나 시스템 관리자 등에 경고한다.

SIEM은 여러 데이터 원본에서 수집한 로그의 상관관계를 분석해 단일 데이터 자료에서는 알 수 없던 이변을 특정할 수 있는 기능도 갖추고 있다. 업무 애플리케이션으로 접근하는 접근 로그와 인사 데이터베이스의 변경 정보를 대조하면 '퇴직 예정자인 직원이 갑자기 많은 양의 업무 데이터를 다운로드하기 시작했다' 같은 수상한 행위를 발견할 수 있다. '평소 두세 개의 업무 애플리케이션에만 접근하던 직원이 단시간에 여러 업무 애플리케이션에 접근했다'는 것을 로그 분석으로 알게 되면 공격자가 해당 사용자의 계정을 해킹했을 가능성이 있다고 판단할 수 있다.

제로 트러스트에서 SIEM은 업무 애플리케이션을 방어하는 데 빠져서는 안 될 존재다. 제로 트러스트는 사용자나 단말, 네트워크를 신뢰하지 않는 사고방식을 가지기 때문이다. 사용자 인증을 통과했어도 사용자가 정식 사용자인지 알 수 없다. 인증 정보를 도난당해 제삼자가 위장했을 가능성이 있다. SIEM이라면 여러 로그를 대조해 분석하는 이상을 알아차릴 수 있다.

SIEM도 역시 새로운 구조는 아니다. 2000년대 후반 시장에 SIEM 제품이 등장했었다. 경계 방어도 견고한 보안을 실현하려면 SIEM이 필요했다. 다만 도입 장벽이 높았다. 대량으로 출력되는 로그 수집 및 보존에는 대용량 스토리지(외부기억장치)가 필요하며 분석에도 좋은 성능의 기기가 필요하다. SIEM 도입은 비용 대비 효과가 좋지 않아 그다지 진전되지 못했다.

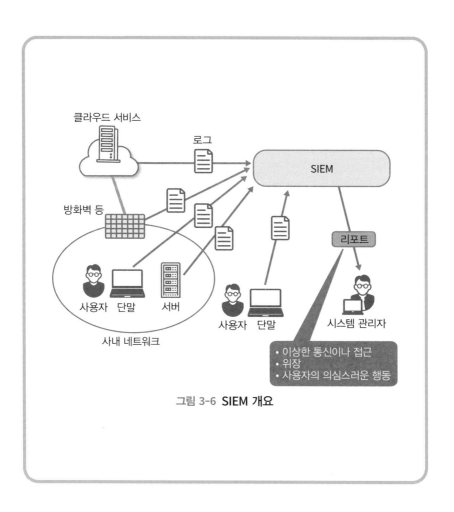

클라우드 서비스

로그

SIEM

방화벽 등

사용자 단말 서버

사내 네트워크

사용자 단말

리포트

시스템 관리자

- 이상한 통신이나 접근
- 위장
- 사용자의 의심스러운 행동

그림 3-6 **SIEM 개요**

그러나 클라우드가 등장하면서 도입 장벽이 크게 낮아졌다. 클라우드라면 하드웨어나 스토리지에 큰 초기 비용을 들이지 않아도 SIEM을 이용할 수 있다. 사내 네트워크에 설치하는 온프레미스형 SIEM 제품의 개발사도 거의 같은 기능의 클라우드 서비스를 제공하게 됐다.

DLP: 외부에 유출되면 안 되는 데이터 감시

DLPdata loss prevention(데이터 유출 방지)는 외부에 유출되면 안 되는 데이터를 감시해 유출을 막는 '감시원' 역할을 한다. 컴퓨터나 서버, 클라우드 등에 보관한 기밀 정보 등의 파일이 외부로 유출되는 것을 막는 기능을 한다. 기밀 정보의 유출 위험이 줄어든다. 기능을 실행하는 장소에 따라 엔드포인트 DLP, 네트워크 DLP, 클라우드 DLP로 나눌 수 있다(그림 3-7).

엔드포인트 DLP는 단말에 에이전트 소프트웨어를 도입하는 방식이다. 단말 내 파일 복사나 메일 전송 등을 제어하거나 USB로 연결한 외부 스토리지에 저장하는 것을 제어할 수 있다. 네트워크 DLP는 네트워크를 흐르는 데이터를 실시간으로 감시해 정보 유출의 위험을 줄이거나 컴플라이언스 대응을 한다. 클라우드 DLP는 다른 클라우드에 있는 데이터의 유출을 막는다. 클라우드가 공개하는 API를 호출해 연동되며 보관된 파일의 내용을 확인하거나 파일의 다운로드를 금지할 수 있다.

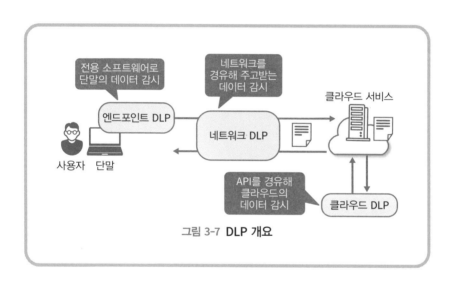

전용 소프트웨어로
단말의 데이터 감시

네트워크를
경유해 주고받는
데이터 감시

클라우드 서비스

엔드포인트 DLP

네트워크 DLP

사용자 단말

API를 경유해
클라우드의
데이터 감시

클라우드 DLP

그림 3-7 **DLP 개요**

기존에는 DLP라고 하면 엔드포인트 DLP나 네트워크 DLP를 의미했다. 제품 자체는 2000년대부터 제공됐지만 보안, 특히 정보 유출을 신경 쓰는 기업이 아니라면 도입하지 않는 분위기였다. 기존 네트워크 DLP는 일반적으로 전용 어플라이언스(전용 하드웨어에 소프트웨어를 설치한 상태로 판매되는 기기)로 제공됐고 비교적 고가였다.

최근에는 클라우드 서비스로도 제공돼 도입 장벽이 낮아졌다. 클라우드 DLP는 도입이 쉬울뿐더러 다른 클라우드와 연동하기 쉽다. DLP를 클라우드와 조합해 제로 트러스트의 한 서비스로 생각해볼 수 있다. 클라우드 DLP는 CASB의 기능 중 하나로 제공되는 경우가 많으며 SWG의 일부로 제공되기도 한다. DLP 기능으로 사용자 단말에서 허가되지 않은 클라우드 등에 기밀 정보가 업로드되는 것을 막을 수 있다.

데이터에 주목해 기밀 정보 보호

제로 트러스트에서 DLP는 네트워크의 특정 장소가 아닌 주고받는 데이터(파일)에 주목해 기밀 정보를 보호한다. 기존의 보안 사고방식과 다른 부분이다. 이전 경계 방어의 사고방식에서는 방화벽 등으로 방어되는 사내 네트워크를 신뢰할 수 있는 안전한 장소로 인식해 보호해야 할 파일은 그 안에 두는 방법을 채택했다.

제로 트러스트의 사고방식에서는 사내 네트워크를 안전한 장소라고 간주하지 않는다. 파일의 외부 반출을 금지하는 방법은 원격 근무가 필수인 지금 직원의 생산성을 크게 저하시킨다. 사내, 외부, 클라우드 모두 기밀 정보의 보호 대책이 요구되며 그에 합당한 것이 DLP다. 파일 암호화와 조합하면 외부로 반출한 단말을 분실했을 경우의 대책이 되기도 한다.

DLP에서는 어떤 정보를 어떻게 보호할지 '규칙'을 설정한다. 기밀 정보를 정의해 탐지할 수 있도록 하는 규칙과 기밀 정보를 탐지했을 때 행동을 정의하는 두 가지 규칙을 정한다. 규칙들은 DLP 정책이라고 총칭한다.

기존에는 키워드 등을 기준으로 기밀 정보를 포함한 파일에 태그(메타데이터)를 부여하고 DLP는 태그 종류에 따라 파일에 기밀 정보가 포함되는지 판단했다. 즉 파일 하나하나에 태그를 부여했다. 최근 DLP는 파일 안에 포함되는 키워드나 키워드 수량 등을 기밀 정보 탐지의 규칙으로 정의해 실시간으로 규칙과 일치하는 파일을 탐지할 수 있게 됐다. 사진 및 동영상에 포함된 문자 등을 인공지능이 인식해 기밀 정보를 발견할 수도 있다.

키워드에 따른 규칙은 DLP 개발사에서 미리 템플릿을 마련하며 사용자가 추가적으로 규칙을 설정할 수도 있다. DLP 개발사가 마련한 템플릿에는 '주민등록번호라고 여겨지는 숫자열이나 주소, 이름 등이 포함됐다면 개인 정보라고 판단한다'와 같은 것이 대표적인 예시다.

이외에 업계나 나라마다 다른 컴플라이언스 규칙에 따라서 기밀 정보를 찾아내는 템플릿이 있다. 일괄적으로 탐지할 키워드를 설정할 수 있다. 파일마다 태그를 부여해야 했던 기존 방법과 비교하면 기밀 정보를 정의할 수고는 물론 간과할 위험을 줄일 수 있다.

유출 위험을 탐지했을 때 DLP는 데이터의 전송 및 공유를 차단하거나 관리자에게 통보한다. 지금까지는 파일에 태그를 붙이는 방식으로 운영 부하가 높았고 DLP는 많이 보급되지 않았다. 내용에 관계없이 파일의 외부 반출은 금지하는 것 같은 대책을 채택하는 일이 많았다.

하지만 키워드 검색에 따른 DLP가 주류가 되면서 운영 부하는 최소화됐다. 원격 근무가 보급되면서 파일을 외부로 반출하는 일이 많아졌다. DLP는 제로 트러스트에 필요한 기능이어서 앞으로 많이 보급될 것이다.

 EDR: 단말 공격 탐지와 피해 확대 방지, 자가 복구까지

EDR_{endpoint detection and response}(엔드포인트 탐지 및 대응)은 단말(엔드포인트)을 지키는 보안 제품이나 기술이다(그림 3-8). '탐지'란 검출이나 검사, '대응'이란 응답이나 대책을 의미한다. 맬웨어 등의 침입을 재빨리 탐지해 피해가 커지기 전에 대책을 강구한다.

탐지	맬웨어 감염 등이 의심되는 이상한 행동을 자동 탐지
억제	의심스러운 프로그램을 중지시키고 통신 차단
조사	침입에 사용된 취약점이나 감염 범위 등을 조사
복구	맬웨어로 바뀐 파일 등 복구

그림 3-8 **EDR 기능**

EDR은 바이러스 검사 소프트웨어와 병용하는 형태다. 일반적으로 컴퓨터 등의 단말에 에이전트라고 불리는 전용 소프트웨어를 조합해 사용한다. EDR과 구분하고자 바이러스 검사 소프트웨어를 엔드포인트 보안 플랫폼endpoint protection platform, EPP으로 부르기도 한다. EPP가 맬웨어의 감염 방지에 집중한다면 EDR은 '맬웨어에 감염된 후의 피해 방지'에 중점을 둔다.

EDR은 주로 '탐지', '억제', '조사', '복구' 기능이 있다. 탐지는 에이전트를 사용해 단말을 감시하며 맬웨어 감염이나 사이버 공격을 탐지하는 기능이다.

단말을 지키는 방법

EDR은 주로 두 가지 방법으로 '탐지'한다.

첫 번째는 단말의 이벤트 로그 등에서 감염이나 공격의 흔적을 발견하는 방법이다(그림 3-9). EDR은 단말에 도입한 에이전트로 단말의 다양한 정보를 수집해 기록한다. 대상 정보는 파일 생성이나 프로세스(프로그램) 실행, 레지스트리(OS 내부 작동의 설정 파일) 변경 등 다양하다.

EDR은 클라우드 서버에 기록한 데이터를 모아 분석하면서 공격의 흔적을 찾는다. 흔적이란 공격이나 침입받은 단말에 남겨진 '맬웨어 관련 파일이나 파일명', 접근 기록의 '공격에 이용된 외부 서버의 IP 주소나 URL', 레지스트리에 남겨진 '맬웨어 감염 시 변경된 레지스트리 이름이나 값' 등이다. 개발사나 보안 조직 등에서 사이버 공격의 흔적 정보, 즉 IoC~indicator of compromise~를 입수해 분석에 활용한다.

두 번째는 단말의 '사이버 공격이라고 의심되는 행동'을 동적으로 탐지하는 방법이다. 첫 번째 방법이 과거 데이터에 따른 정적인 탐지였다면 이번 방법은 실시간 정보에 따른 동적인 탐지다. 의심스러운 인물의 행동을 카메라로 감시하는 경비원처럼 EDR의 에이전트나 클라우드 서버에 주입한 탐지 로직이 공격 시 발생하는 특징적인 행동을 탐지한다.

'억제'는 피해 확대를 막는 기능이다. 맬웨어 감염이 의심되는 단말에 관리자가 원격으로 통신을 차단하거나 맬웨어라고 생각되는 프로세스(프로그램)를 중지시킨다. 대부분 맬웨어는 인터넷에 설치된 C&C~command & control~ 서버를 경유해 공격자와 통신한다. 공격자와의 통신을 차단하면 공격자가 보낸 명령이 맬웨어로 전달되지 않고 외부로 정보를 빼돌리는 것도 막을 수 있다.

'조사'는 관리 대상으로 지정한 모든 단말의 로그를 수집해 분석하는 기능이다. 시간순으로 침입 경로나 감염 원인, 감염의 확대 방식, 외부와의 통신 흔적 등을 분석해 결과를 시스템 관리자에게 보고한다. 사이버 공격의 대책 조직인 CSIRT~computer security identity response team~를 만들었다면 신속하게 인시던트 대응~incident response~을 할 수 있다.

'복구'는 단말의 상태를 원래대로 되돌리는 기능이다. 맬웨어 때문에 변경된 레지스트리의 값을 원래대로 되돌리거나 감염 원인이 된 파일이나 감염 후에 생성된 파일 등을 삭제한다.

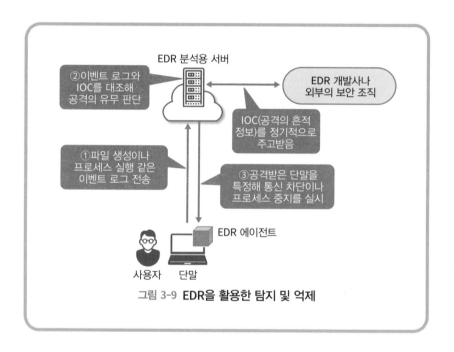

EDR 분석용 서버

②이벤트 로그와 IOC를 대조해 공격의 유무 판단

EDR 개발사나 외부의 보안 조직

IOC(공격의 흔적 정보)를 정기적으로 주고받음

①파일 생성이나 프로세스 실행 같은 이벤트 로그 전송

③공격받은 단말을 특정해 통신 차단이나 프로세스 중지를 실시

EDR 에이전트

사용자   단말

그림 3-9 **EDR을 활용한 탐지 및 억제**

🔖 정리

1️⃣ 제로 트러스트는 클라우드 서비스를 조합해 실현한다. 최근에는 제로 트러스트에 필요한 보안 기능을 제공하는 클라우드가 등장했다. 일반 조직도 여러 클라우드 서비스를 조합한 제로 트러스트 도입이 쉬워졌다. 클라우드는 사내 네트워크와 같은 장소의 제한을 받지 않으며 일반 조직에서 진행하는 업무 애플리케이션의 클라우드 전환 방침과 잘 부합된다.

2️⃣ 제로 트러스트에서 사용되는 각 보안 기능은 이전부터 존재했다. 원래 온프레미스용이었다. 도입하는 데 비용이 많이 드는 등의 난제가 있었지만 클라우드화로 초기 도입 비용이 절감되고 작은 규모로도 시행할 수 있어 도입 장벽이 낮아졌다.

3️⃣ 대부분 서비스는 외부와 연동하는 데 API 등을 제공한다. 다른 개발사가 제공하는 서비스를 연동시킨 제로 트러스트 실현이 비교적 쉽다.

표 3-1 **제로 트러스트에서 필요한 보안 기술**

명칭	개요
IAM: 신원 및 접근 관리 identity and access management	사용자의 ID 및 속성 정보, 접근 정책에 따라서 사용자 인증이나 애플리케이션으로의 인가를 관리한다.
IAP: ID 인지 프록시 identity aware proxy	VPN 없이도 외부에서 사내 업무 애플리케이션으로 접근하는 수단을 제공한다.
EDR: 엔드포인트 탐지 및 대응 endpoint detection and response	단말에 대한 사이버 공격을 방지한다. 이상 탐지, 피해 확대 방지, 자기 복구 등의 기능이 있다.

표 3-1 **제로 트러스트에서 필요한 보안 기술** (계속)

명칭	개요
CASB: 캐스비 cloud access security broker	사용자의 클라우드 이용 상황을 가시화한다.
DLP: 데이터 유출 방지 data loss prevention	중요 파일의 외부 전송 등을 감시하며 중요 정보의 유출을 방지한다.
SWG: 보안 웹 게이트웨이 secure web gateway	사용자의 인터넷 접근을 관리하며 필요에 따라 접근 제어를 실시한다.
SIEM: 보안 정보와 이벤트 관리 security information event management	조직이 관리하는 기기나 클라우드 등의 로그를 수집하고 분석해 사이버 공격의 징조나 이상을 탐지한다.
MFA: 다요소 인증 multi-factor authentication	여러 인증 요소(인증 방법)를 사용해 정식 사용자인지 확인하는 인증 방식이다.
MAM: 모바일 애플리케이션 관리 mobile application and management	사용자의 단말에서 실시하는 애플리케이션을 관리한다. 업무용 애플리케이션만 격리하는 기능도 있다.
MDM: 모바일 단말 관리 mobile device management	사용자의 단말을 관리한다. 데이터의 원격 삭제 등도 가능하다.
RIBA: 위험 기반 인증 risk-based authentication	사용자나 단말의 상황에서 인증 기준이나 방법을 동적으로 변경하는 인증 방법이다.

4

제로 트러스트를
강화하는 연계

서비스 간 연계로 방어를 강화한다

지금까지 설명한 것처럼 제로 트러스트에서는 경계의 힘을 빌리지 않고 클라우드 서비스의 연계로 사용자 및 단말, 데이터 등을 지킨다. 이것만 도입하면 제로 트러스트를 실현할 수 있다는 서비스는 없다. '제로 트러스트 대응'으로 홍보하는 클라우드는 있지만 대부분 제로 트러스트를 실현하는 데 필요한 하나의 조각에 불과하다. 방화벽이나 UTM을 '경계 방어 대응 제품'이라고 하는 것처럼 잘못된 표현은 아니지만 헷갈릴 수 있는 홍보 문구다.

제로 트러스트의 사고방식으로 클라우드 서비스를 조합한 보안을 구축할 때 연계의 중심이 되는 것은 인증과 인가를 관장하는 IAM이다(그림 4-1). 인증과 인가는 제로 트러스트의 핵심이다. IAM을 중심으로 앞서 소개한 다양한 클라우드 서비스와 연계해 경계 없이 방어를 실현한다. 각 클라우드가 제공하는 기능 자체는 새롭지 않다. 대부분 경계 방어에서도 사용한다. 제로 트러스트와 경계 방어의 가장 큰 차이점은 제로 트러스트에서는 각 클라우드가 제공하는 기능을 연계한다는 점이다.

경계 방어의 사내 네트워크에서도 여러 보안 기능과 서비스를 연계할 수 있다. 사용자 단말에 설치된 바이러스 검사 소프트웨어가 맬웨어를 탐지하면 해당 맬웨어가 사용하는 포트를 방화벽에서 막는다. 다만 연계 범위는 한정적이며 때에 따라 연계를 위한 시스템 구축도 필요하다.

클라우드 이점 중 하나는 대부분 서비스 간 연계를 처음부터 전제한다는 것이다. 연계 작동이 자동화된 경우가 많아 관리하는 수고도 필요 없다. 미리 '어느 속성 및 환경의 사용자에게 어떤 권한을 부여할지'와 같은 정책만 결정하면 클라우드가 사용자 속성이나 환경을 확인해 적절한 권한을 부여한다. 같은 속성의 사용자라도 접근하는 곳이 바뀌는 등 환경이 변화하면 실시간으로 권한을 변경할 수 있다.

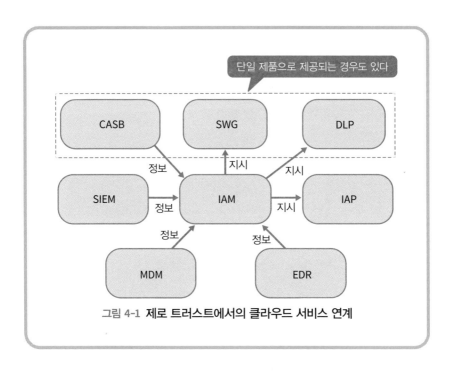

그림 4-1 제로 트러스트에서의 클라우드 서비스 연계

공격자가 유리한 '인터넷 위협 모델'

클라우드로 사용자나 단말, 데이터 등을 지킨다는 것이 와닿지 않을 수도 있다. '어떤 것에서' 지키는지 생각해보자.

정보 보안에는 '위협 모델threat model'이라는 사고방식이 있다. 특정 환경이나 상황을 예상해 공격자가 생길 가능성이 있는 행위를 최대한으로 정의한 것이다. 공격자가 무엇을 할 수 있는지 정확하게 파악하지 않으면 어떻게 지킬 수 있는지, 지킬 방법은 무엇인지, 해당 방법의 효과는 어느 정도인지 등을 검토할 수 없다.

'인터넷 위협 모델'에서 공격자는 네트워크를 흐르는 어떤 데이터라도 읽을 수 있으며 탐지되지 않고 데이터 위장이 가능하다고 정의한다. 인터넷에 직접 연결된 단말이나 사용자, 데이터를 포함한 컴퓨터 등의 자원은 인터넷 위협 모델에 대항할 수 있어야 한다. 경계 방어는 인터넷 위협 모델에 대항하고자 지켜야 할 자원을 모두 경계 안에 두고 견고하게 경계를 지킨다. 자원이 개별적으로 인터넷 위협 모델을 방어하지 않아도 된다.

제로 트러스트가 인터넷 위협 모델을 전제로 한다고 보자. 개별 자원은 인터넷이라는 신뢰할 수 없는 환경 안에 '맨몸'인 상태로 있다고 가정하고 '맨몸'인 채로 지켜낼 방책을 구축한다. 중요한 것은 데이터를 읽지 못하게 하는 암호화와 인증 및 인가로 실현하는 접근제어다.

인터넷 위협 모델에서는 공격자가 네트워크를 흐르는 데이터를 자유롭게 읽을 수 있다는 것이 전제다. 이 때문에 데이터를 읽더라도 내용을 알 수 없도록 암호화한다. 접근 제어도 중요하다. 사용자 인증을 실시해 정식 사용자가 아니라면 자원에 접근하지 못하도록 한다. 기업의 정책에 따라 적절한 접근 권한을 부여하기도 하는데 바로 '인가'다.

인터넷 위협 모델에 대항하는 기본 구조는 20년 이상 전부터 사용했다. HTTPS(TLS)를 사용한 웹 접근이다. HTTPS~hypertext transfer protocol secure~는 웹 서버와 웹 브라우저 사이의 통신을 암호화해 경로상 도청을 막는 구조와 전자 인증서로 해당 웹 서버가 가짜가 아니라는 것을 웹 브라우저가 확인할 수 있는 구조를 조합한다. 웹 서버 쪽은 암호 등으로 웹 브라우저(사용자)를 인증할 수 있다. 암호화로 데이터로의 유해한 접근을 막으며 인증 및 인가로 접근 제어를 실현해 사용자나 단말을 지키는 개념이다(그림 4-2).

제로 트러스트도 같은 방법으로 실현할 수 있다. 사용자 단말과 업무 애플리케이션에서 주고받는 데이터를 암호화해 각 업무 애플리케이션에 적절한 접근 제어를 실시한다. 이와 같은 접근 제어로 각 자원을 지킨다.

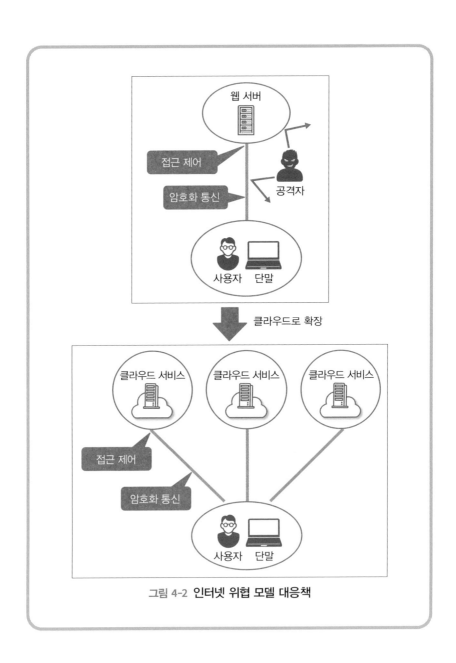

그림 4-2 **인터넷 위협 모델 대응책**

SSO로 업무 애플리케이션 이용

여러 업무 애플리케이션을 각각 접근 제어하는 것은 현실적이지 않다. IAM에 접근 제어를 일임하고 SSO를 실현한다.

우선 사용자는 IAM에 접근해 사용자 인증을 한다. 정식 사용자라면 그에 맞는 접근 권한을 부여해 클라우드에 접근할 수 있도록 한다. IAM은 제로 트러스트의 핵심 서비스다. 1장 초반에서 제로 트러스트를 설명한 〈그림 1-1〉의 '관문'은 IAM과 IAM을 사용한 SSO 환경을 의미한다.

접근 대상은 클라우드만 해당하지 않는다. 사내 네트워크에 설치한 업무 애플리케이션에도 접근해야 해 IAP를 IAM과 연계한다(그림 4-3). IAP와 IAM의 연계로 클라우드와 업무 애플리케이션의 접근 제어를 일원화해 관리할 수 있으며 사용자도 양쪽 서비스에 매끄럽게 접근할 수 있다. IAP는 2장 〈그림 2-5〉의 '업무 애플리케이션에 접근하기 위한 관문'에 해당한다.

VPN을 없애고 싶지만 모든 업무 애플리케이션을 클라우드로 이전하는 것은 어려운 조직이 많을 것이다. 이때 IAM과 IAP를 도입하면 탈VPN을 실현할 수 있다. 사내 네트워크의 사용자도 클라우드 IAP를 경유해 사내의 업무 애플리케이션에 접근하는 방식을 채택하면 사내 네트워크 안을 포함해 '신뢰하지 않는' 엄격한 제로 트러스트가 된다.

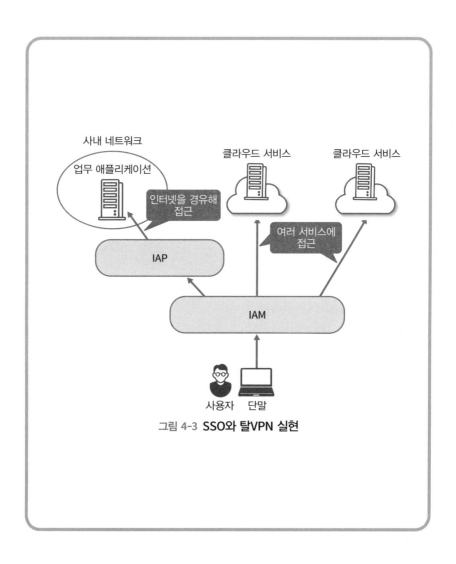

사내 네트워크

업무 애플리케이션

클라우드 서비스

클라우드 서비스

인터넷을 경유해 접근

IAP

여러 서비스에 접근

IAM

사용자 단말

그림 4-3 SSO와 탈VPN 실현

번거로울 수 있지만 보안 수준이 높아진다. 공격자가 사내 네트워크에 침입해도 관문인 IAP를 통과하지 않으면 업무 애플리케이션에 접근할 수 없다. '사내 네트워크의 사용자도 신뢰하지 않는' 제로 트러스트를 훌륭히 실현한다. 완전한 제로 트러스트가 아니라면, 즉 경계 방어와 함께 쓰고 있다면 IAP 경유 방식을 선택하지 않는 것도 현실적이다. 사내에서의 접근은 IAP를 경유하지 않고 기존처럼 직접 업무 애플리케이션에 접근할 수도 있다.

서비스 조합으로 견고한 인증 실현

IAM과 IAP 조합은 사용자의 편의성을 굉장히 높여준다. VPN으로 사내 네트워크에 접근할 필요가 없다. 클라우드에 접근하고자 사내 네트워크에 있는 방화벽을 경유할 필요도 없다.

사용자의 접근이 관문이 될 IAM과 IAP로 몰린다. 하지만 클라우드이기에 확장성이 뛰어나 경계 방어의 VPN 제품이나 방화벽과는 달리 병목현상을 일으킬 우려가 없다. 다만 보안에 대한 우려는 커진다. 경계 방어와 달리 제로 트러스트는 물리적인 보안이 없다. 어떤 기기라도 IAM에 접근할 수 있다.

정당한 목적의 접근으로 위장해 접근하는 위험이 경계 방어와 비교도 안 될 정도로 높다. 사내 네트워크에서 ID 및 암호로만 사용자 인증을 한 것은 경계가 있어 어느 정도 보안이 보장됐기 때문이다. 제로 트러스트에서는 암호 등의 지식 정보만이 아닌 소유물이나 생체 정보를 조합한 인증인 MFA가 필수다. 특히 단말 인증이 중요하다. 접근할 수 있는 단말을 제한하면 보안 수준은 비약적으로 높아진다.

제로 트러스트에서는 RIBA(위험 기반 인증)도 검토해야 한다. RIBA는 접근한 사용자나 단말의 환경에 따라 인증 강도를 변경하는 방식이다. 사용자 및 단말 정보를 얻어 항상 허가했던 접근을 차단하거나 사용자 인증 요소를 늘린다.

같은 사용자 및 단말에서 접근해도 맬웨어에 감염된 것 같은 징조가 보이면 바로 차단한다. 혹은 접근한 곳이 평소와 다르면 위장 가능성이 있다고 보고 일반적인 인증 요소에 지문 인증을 추가한다. 기존의 RIBA는 금융 분야 등의 엄격한 보안을 요구하는 분야에서만 사용됐다. 신용카드가 대표적인 예다. 지금까지 이용한 적 없는 나라나 지역에서 이용한 것이 확인되면 바로 소유자에게 연락해 더 악용되는 것을 막는다.

단말 상태를 관리하는 MDM 및 MAM과 IAM을 연계하면 비교적 쉽게 RIBA를 도입할 수 있다(그림 4-4). MDM에서 얻은 단말의 상태 정보를 기준으로 인증 여부나 방법, 인가 권한을 전환하면 된다. 여기에 더해 단말의 보안 상태가 이상하다는 것을 탐지하는 EDR과 연계시키는 경우도 있다.

모든 것을 신뢰하지 않는 제로 트러스트에서 RIBA는 불필요한 스펙over specification이 아니다. 사이버 공격은 정도가 심해지고만 있고 APT 공격처럼 모두 막을 수 없는 공격도 늘고 있다. 지켜야 할 자원의 중요도에 따라 MFA는 물론 RIBA 도입도 검토해야 한다.

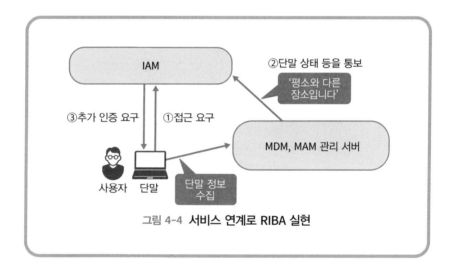

그림 4-4 **서비스 연계로 RIBA 실현**

유해한 접근의 감시는 필수

암호화나 엄격한 사용자 인증을 실시해도 경계라는 방어가 없는 제로 트러스트는 끊임없이 위험에 노출된다고 생각해야 한다. 업무 애플리케이션이나 사용자 단말 등이 출력하는 로그 분석이 중요한 이유다. 다양한 기기의 로그를 수집해 분석하면 재빨리 사이버 공격이나 시스템 문제의 징조를 탐지해 영향을 최소한으로 줄일 수 있다.

로그 분석을 실현하는 것이 SIEM이다. MDM이나 EDR처럼 SIEM도 IAM과 연계시킨다. 2000년대부터 SIEM 제품이 출시됐지만 보급은 미미했다. 큰 비용이 필요했고 경계 방어에서는 불필요한 스펙으로 여겨졌다. 기기가 출력하는 로그는 방대해 스토리지 확보에도 비용이 들었다. 분석도 간단하지 않았다. 실시간으로 방대한 로그를 분석하려면 높은 사양의 하드웨어가 필요하다. 분석 결과에서 사이버 공격의 징조를 탐지하는 것은 경험이 적은 시스템 관리자에게는 어려운 일이다.

SIEM이 클라우드화되면서 도입 장벽이 낮아졌다. 자사에 스토리지와 계산 능력을 마련하지 않아도 클라우드 서비스를 도입할 수 있다. 또한 인공지능 활용으로 분석도 자동화됐다. 인공지능이 업무 애플리케이션의 로그와 네트워크 기기의 로그를 대조해 유해한 접근의 흔적을 발견하면 관리자에게 보고하는 것이 가능해졌다.

클라우드의 이용 상황을 파악하는 CASB도 제로 트러스트를 실현하는 데 중요한 서비스 중 하나다. CASB는 클라우드 이용 확대와 더불어 시장에 등장했지만 충분히 보급되지는 않았다. 그러나 클라우드 이용을 전제로 한 제로 트러스트에서는 CASB의 중요도가 높아졌다.

클라우드 서비스인 API를 경유해 정보를 수집하는 CASB는 SWG와 연계해 실시간으로 부적절한 이용 등을 탐지하고 차단할 수 있다(그림 4-5). 앞서 말한 것처럼 CASB와 SWG 모두 동일한 서비스로 제공되는 경우도 많다.

이전부터 RIBA나 SIEM, CASB 같은 기술, 제품 및 서비스는 있었지만 지금까지는 비용이나 부하가 높아 적극적으로 도입하는 기업이 적었다. 제로 트러스트에서는 기업이나 조직에 지금보다 더 엄격한 보안을 요구한다. RIBA나 SIEM, CASB 등은 결코 불필요한 스펙이 아니다. 해당 기능들의 클라우드화나 인공지능 활용 등도 제로 트러스트 도입에 힘을 실어주고 있다. 경계 방어를 사용할 때 도입을 포기했던 기업도 생각을 바꾸고 적극적으로 기능 도입을 검토해야 한다.

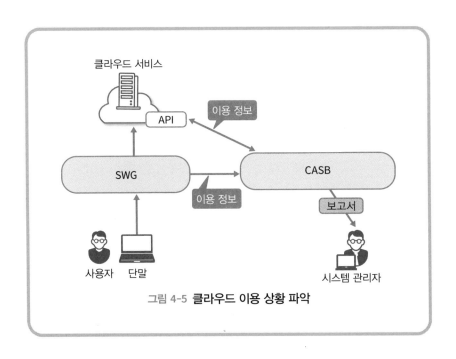

그림 4-5 **클라우드 이용 상황 파악**

🍞 정리

1 제로 트러스트는 독자 제품이나 서비스를 도입해도 실현할 수 없다. 여러 클라우드 서비스를 조합해야 한다.

2 조합 방법은 다양하다. 관련된 모든 서비스를 반드시 이용해야 하는 것은 아니다. 조직에 따라 이용할 서비스의 종류나 조합 방법은 다르다.

3 대부분 서비스는 이전에도 제공됐지만 기존의 경계 방어에서는 불필요한 스펙이라고 여겼다. 또한 비용 부담도 커 일반적인 조직에서는 도입하지 못한 서비스가 많다.

4 SIEM이나 CASB 등은 제로 트러스트 구축에서 매우 중요한 서비스다. 해당 서비스들이 클라우드화되면서 도입 장벽이 크게 낮아졌다.

5 경계에서 방어하지 않는 제로 트러스트에서는 보안 수준을 높여야 자원을 지킬 수 있다. 여러 서비스를 조합하면 탈VPN이라는 편의성을 얻을 수 있으며, 경계에 의존하지 않고 방어할 수 있다.

제로 트러스트의
도입 절차

구글조차 8년이 걸린 제로 트러스트 도입

제로 트러스트는 보안에 대한 사고방식이다. 다양한 실현 방법과 보안 수준이 있다. 제로 트러스트에는 정답이 없다. 조직에 따라 해답도 다르다. 5장에서는 제로 트러스트의 도입 절차를 간단히 살펴본다(그림 5-1). 경계 방어에서 제로 트러스트로 전환한 기업의 사례를 참고했다. 물론 무조건 사례대로 해야 하는 것은 아니다. 모든 서비스를 도입할 필요도 없다.

제로 트러스트를 도입한 당시에는 실제로 도입한 전례가 없었다. 구글조차도 제로 트러스트의 완전한 도입에 8년이라는 세월을 소비했다. 갑자기 완전한 제로 트러스트로 전환하는 것은 불가능하다. 이미 제로 트러스트를 도입한 대부분 기업도 기존의 경계 방어와 함께 사용하며 부분적으로 제로 트러스트를 도입해가고 있다.

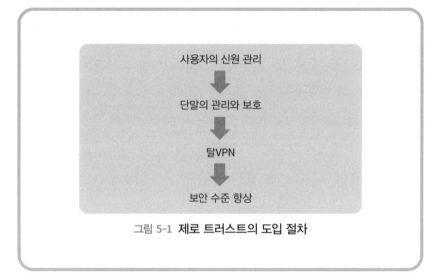

그림 5-1 **제로 트러스트의 도입 절차**

첫걸음은 사용자의 신원 관리

제로 트러스트에서는 사용자를 신뢰하지 않는다는 전제가 있다. 이 전제에 따라 사용자의 신원을 관리해 접근 제어를 엄격하게 실행하는 것부터 시작한다. 신원 관리를 실현하려면 반드시 IAM(신원 및 접근 관리)을 도입해야 한다. 모든 사용자의 이름이나 속성 등을 데이터베이스화하고 동시에 각 속성의 접근 정책을 설정한다. 조직의 인원을 관리하는 인사 데이터베이스와 IAM을 연계하는 것도 좋다. 제로 트러스트 도입의 첫걸음이다.

이미 엄격한 경계 방어를 채택한 조직은 IAM을 도입해 클라우드 접근만 제로 트러스트화하는 방안을 고려해볼 수 있다(그림 5-2). 이때 외부 사용자는 물론 사내 사용자에게도 IAM으로 클라우드에 접근하도록 관리하는 것이 좋다.

경계 방어에서 외부 사용자는 VPN으로 사내 네트워크에 접근한다. 사내 네트워크에 있는 프록시 서버나 방화벽 등을 경유해 클라우드로 접근하는 구성이 많다. IAM을 관문으로 두면 외부 사용자는 사내 네트워크를 경유하지 않고도 클라우드로 접근할 수 있다. 편의성이 높아지고 동시에 사내 네트워크와 인터넷을 연결하는 회선이나 프록시 서버 등의 부하를 절감할 수 있으며 병목현상이 생길 우려도 적다.

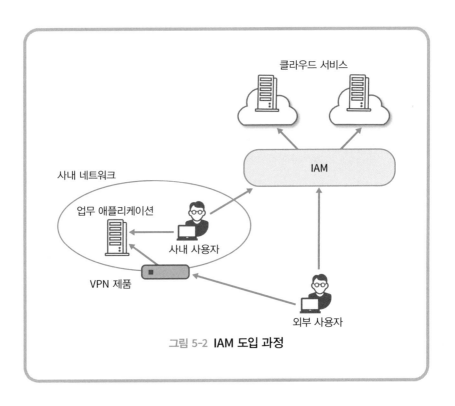

그림 5-2 **IAM 도입 과정**

관문인 IAM은 누구나 인터넷으로 접근할 수 있어 엄격한 접근 제어가 필요하다. ID와 암호만으로는 충분하지 않다. MFA(다요소 인증) 도입이 필수다. 또한 클라우드 보안 대책 및 이용 상황도 파악해야 한다. IAM은 주로 접근 제어 역할을 하기 때문이다.

보안 대책 및 이용 상황을 파악할 때는 SWG(보안 웹 게이트웨이), DLP(데이터 유출 방지), CASB와 같은 서비스를 이용한다(그림 5-3). 해당 기능들이 모두 포함되는 패키지 형태의 클라우드도 있다. 어느 서비스를 어떻게 사용할지는 조직의 상황이나 정책, 운영 규칙, 요구하는 보안 수준 등에 따라서 다를 것이다. 모든 서비스를 이용하지 않는다고 제로 트러스트를 실현하지 못하는 것은 아니다.

단말 관리와 보호 기능 마련

사용자의 신원 관리를 하기 위한 준비가 끝났다면 이제 단말의 관리 및 보호 기능을 검토한다. 제로 트러스트에서는 사용자와 마찬가지로 단말도 신뢰하지 않는다.

경계 방어에서는 사내 네트워크의 단말을 반출 및 반입하지 않아 단말의 안전을 확보했다. 제로 트러스트에서는 어디에 단말이 있는지 알 수 없다. 어디에 있든 원격으로 단말 상태를 관리하며 필요에 따라 제어 및 보호한다.

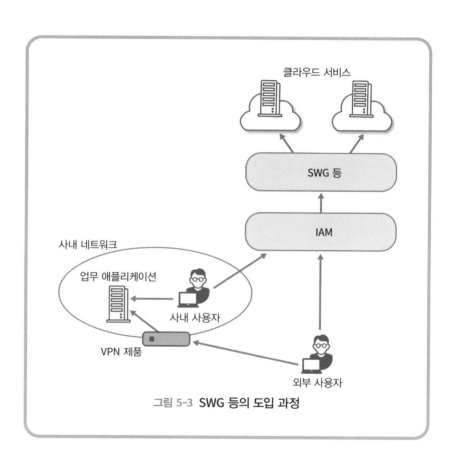

클라우드 서비스

SWG 등

IAM

사내 네트워크

업무 애플리케이션

사내 사용자

VPN 제품

외부 사용자

그림 5-3 **SWG 등의 도입 과정**

단말 관리에 사용하는 서비스 중 하나가 MDM(모바일 단말 관리)이다. 사용자가 소유한 단말을 원격으로 관리하고 설정을 변경하거나 확인할 수 있다. 조직이 허가하지 않은 애플리케이션 설치도 제한할 수 있다. 단말을 분실했을 때는 원격으로 보존된 데이터를 삭제할 수 있어 정보 유출도 막을 수 있다.

BYOD_{bring your own device}(개인 장치의 업무 활용)처럼 한 대의 단말에 업무 데이터와 사적 데이터가 뒤섞인 환경이라면 애플리케이션 단위로 제어할 수 있는 MAM(모바일 애플리케이션 관리) 도입이 바람직하다. MAM을 도입하면 사용자 단말의 영역을 회사와 개인으로 나누는 것이 가능하다. 회사 계정으로 이용하는 업무용 클라우드는 회사에서만 접근할 수 있게끔 할 수 있다(그림 5-4). 영역을 나누어 설정하면 업무 데이터는 회사 영역에만 보존할 수 있다. 회사가 관리하지 않는 개인용 클라우드 및 스마트폰에 업무 데이터를 복사하는 것이 불가능하다. 영역을 나누면 개인이 이용하는 SNS로 기밀 정보가 유출되거나 부주의하게 공개되는 사고를 막을 수 있다. 사용자가 단말을 분실하면 회사 영역에 있는 데이터만 삭제하는 것도 가능하다.

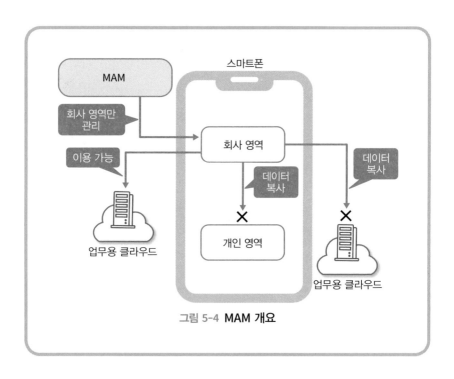

그림 5-4 **MAM 개요**

RIBA 도입으로 더욱 견고해지는 방어

단말을 보호하는 것에는 EDR(엔드포인트 탐지 및 대응)도 유용하다. 단말의 이상 탐지나 보고, 피해의 확대 방지 및 해결 등을 담당한다. EDR을 '고성능 바이러스 검사 소프트웨어'라고 생각하기도 하는데 위협을 탐지해 제거하는 바이러스 검사 소프트웨어와는 역할이 다르다. 일반적으로 EDR과 바이러스 검사 소프트웨어를 함께 도입한다.

MDM이나 EDR은 하나만 써도 유용하지만 IAM과 조합하면 더욱 철저하게 사용자 인증을 할 수 있다. 단말 상태에 따라 인증 요소나 부여할 권한을 바꾸는 RIBA(위험 기반 인증)를 이용할 수 있기 때문이다. 단말에 최신 보안 패치가 적용되지 않았거나 맬웨어 감염이 의심되면 등록된 정식 단말이라도 접근을 차단하는 방식이 가능하다.

 ## 탈VPN은 제로 트러스트의 목표?

제로 트러스트의 장점 중 하나가 '탈VPN'이다. 제로 트러스트를 구축하면 외부 사용자는 사내 네트워크를 거치지 않고 업무용 클라우드나 사내 네트워크 안의 업무 애플리케이션을 안전하게 이용할 수 있다. 탈VPN에서 필수인 클라우드 서비스는 IAP(ID 인지 프록시)다 (그림 5-5). IAP를 도입하면 사내의 업무 애플리케이션에도 접근할 수 있다. 사용자가 VPN을 경유해 사내 네트워크에 접속하지 않아도 되는 것이다.

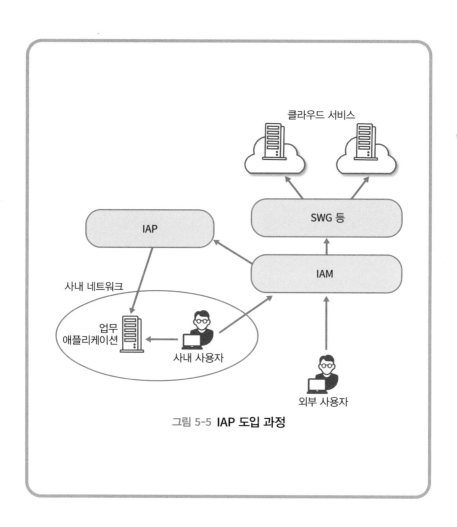

그림 5-5 **IAP 도입 과정**

VPN은 경계 방어를 유지하면서 외부 사용자가 사내 네트워크에 접근할 수 있도록 하는 기술이다. 즉 경계 방어를 확장하는 방법이다. 지금까지는 예외적으로 사내 네트워크에 대부분 사용자가 있다는 것을 전제로 한 조직이 많았다.

이 상황을 크게 바꾼 것이 전세계적으로 유행한 COVID-19다. 정부 방침에 따라 불필요한 외출과 출근에 제한이 생겼다. 많은 기업과 조직은 원격 근무를 도입했으며 VPN 사용자가 급증해 'VPN 정체 현상'을 초래했다. 미리 준비한 VPN 제품으로는 감당하지 못해 급하게 보강하는 경우도 많았다. 이에 VPN을 사용하지 않고 사내의 업무 애플리케이션에 접근 가능한 제로 트러스트로 관심이 쏠렸다. 그러나 탈VPN은 제로 트러스트의 일면에 지나지 않는다. 사용자와 단말의 엄격한 인증 및 관리가 있어야 의미가 있다.

외부에서 IAP로 업무 애플리케이션에 접근할 때 이점 중 하나는 VPN과는 달리 사내 네트워크의 구성이나 설정을 바꾸지 않아도 된다는 점이다. 인터넷 쪽에서 오는 통신을 허가하는 '구멍(예외적인 규칙)'을 둘 필요도 없다. 전용 소프트웨어인 커넥터를 사용해 사내에서 IAP로 접근하기 때문이다.

반면 경계 방어로 지키던 업무 애플리케이션이 인터넷에 노출된다. 인증에 성공하면 공격자는 인터넷에서 업무 애플리케이션에 접근할 수 있다. 업무 애플리케이션과 단말이 주고받는 데이터의 암호화는 물론이며 IAM을 통한 엄격한 인증이 필요하다.

IAP를 도입했다고 외부에서 모든 업무 애플리케이션에 접근할 수 있도록 할 필요는 없다. 중요도 및 가용성을 고려해 단계적으로 진행하는 것이 좋다. 초기에는 IAP를 경유해 사용할 업무 애플리케이션을 일부로 한정하고 VPN 비율을 천천히 줄이는 것이 좋은 방법이다.

경계가 없는 제로 트러스트에서는 사내 네트워크에 있는 단말도 IAP를 경유해 사내의 업무 애플리케이션에 접근하는 것이 이상적이다. 물론 갑자기 적용하는 것이 아니라 단계적으로 진행하는 것이 좋다. 사내 네트워크의 단말에서 사용한다면 프록시나 방화벽을 통해 인터넷으로 나가서 IAM 혹은 IAP를 경유하는 형태가 되기 때문이다. 이와 비교하면 확실히 업무 애플리케이션에 직접 접근하는 것이 간단하면서 편하다.

WAN과 거점 간 VPN을 없애다

제로 트러스트로 전환하면서 본사와 거점을 연결하는 광역 통신망wide area network, WAN과 거점 간 VPN의 사용이 현저히 줄었다. 현재 WAN과 거점 간 VPN은 본사나 데이터 센터를 중심으로 한 경계 방어다. 본사와 지사의 거점을 연결해 본사와 같은 경계 안에 두는 것을 목적으로 사용한다. 제로 트러스트에서는 인터넷을 경유해 클라우드 서비스와 업무 애플리케이션에 접근할 수 있다. 제로 트러스트로 전환하면서 경계 방어를 없앨 수 있다면 본사 및 거점 간을 연결하는 WAN이나 거점 간 VPN도 필요 없어진다(그림 5-6).

WAN과 거점 간 VPN으로 본사와 연결된 거점은 사내 네트워크에 있는 업무 애플리케이션은 물론 클라우드 서비스에도 접근할 수 있다. 거점에 있는 직원의 인터넷 이용도 본사에 둔 프록시나 방화벽 등을 경유하도록 한다. 복잡하게 구성한 이유는 안전한 인터넷 연결과 접근 제어를 일원화해 관리한다는 목적 때문이다. 제로 트러스트로 전환해 WAN 및 거점 간 VPN을 없앨 때는 지사나 거점에 있는 단말이 안전한 인터넷 연결과 접근 제어를 제공하는 다른 수단을 고려해야 한다.

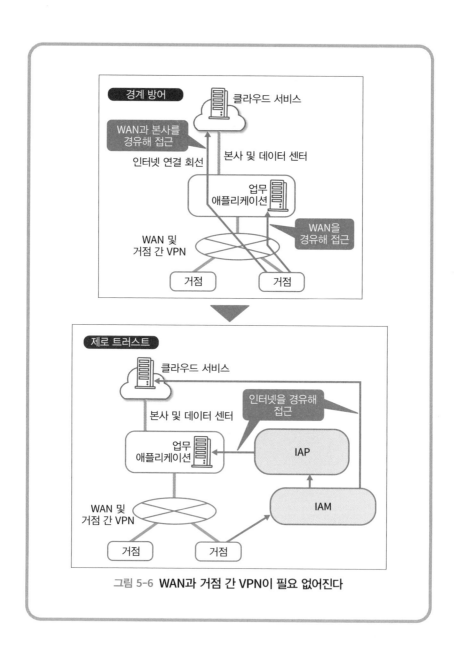

경계 방어

클라우드 서비스

WAN과 본사를
경유해 접근

본사 및 데이터 센터

인터넷 연결 회선

업무
애플리케이션

WAN을
경유해 접근

WAN 및
거점 간 VPN

거점   거점

제로 트러스트

클라우드 서비스

인터넷을 경유해
접근

본사 및 데이터 센터

업무
애플리케이션

IAP

IAM

WAN 및
거점 간 VPN

거점   거점

그림 5-6 **WAN과 거점 간 VPN이 필요 없어진다**

로그 수집과 분석으로 공격 탐지

탈VPN이 진행되면 제로 트러스트를 도입했다고 말할 수 있게 된다. 그러나 높은 보안 수준을 요구하는 조직은 탈VPN만으로는 만족하지 못한다. 경계라는 방어가 없는 만큼 사이버 공격을 받을 수 있다는 것을 전제로 보안 수준을 높여야 한다.

제로 트러스트에서 보안 수준을 높이는 서비스로 SWG, DLP, CASB가 있다. 또 한 가지 중요한 서비스는 SIEM(보안 정보와 이벤트 관리)이다. SIEM은 사내의 업무 애플리케이션이나 네트워크 기기 등의 로그를 감시하는 서비스다.

지금까지의 SIEM은 방대한 로그를 보존하는 데 대용량 스토리지가 필요했으며 로그 분석에는 실력이 필요했다. SIEM의 도입은 어려웠지만 클라우드 등장으로 장벽이 크게 낮아졌다. 클라우드라면 대용량 스토리지를 비교적 저렴하게 이용할 수 있다. 또한 인공지능으로 분석이 자동화돼 사용성이나 정밀도도 높아졌다. 이전의 SIEM을 알고 있는 사람일수록 도입할 수 있지만 이전의 이미지를 버리고 SIEM의 도입을 진지하게 생각해봐야 한다.

🍞 정리

1 제로 트러스트를 실현할 방법은 다양하다. 조직에 따라 해답도 다르다. 5장에서는 ①사용자의 신원 관리, ②단말의 관리와 보호, ③탈VPN, ④보안 수준의 향상이라는 도입 절차를 소개했다.

2 먼저 사용자의 신원을 똑바로 관리해 인증 및 인가를 철저하게 할 수 있는 체계를 만든다. 단말을 원격에서 관리하고 보호할 수 있도록 해서 탈VPN을 꾀한다. 경계라는 방어가 없는 만큼 SIEM 등의 기술로 보안 수준을 높인다.

3 일반 조직에서 제로 트러스트에 필요한 모든 서비스를 도입하는 것은 힘든 일이다. 이미 경계 방어를 운영하는 조직이 경계를 모두 제거하고 한 번에 제로 트러스트로 이전하는 것 또한 비현실적이다. 이전하기 쉬운 시스템 및 애플리케이션부터 순서대로 이전하는 것이 현실적이다.

4 사내의 업무 애플리케이션도 중요도가 높지 않거나 사용자가 많은 것부터 IAP를 경유해서 접근할 수 있도록 한다. 이외는 VPN을 경유해 이용한다. 탈VPN 노하우를 알아가면서 VPN 사용자나 트래픽을 줄인다.

5 제로 트러스트는 탈VPN, 즉 편의성에 주목하기 쉽다. 한계에 도달한 기존의 보안을 강화하는 사고방식임을 잊어서는 안 된다. 경계 없이 사용자나 단말, 데이터를 지킨다는 사고방식이며 부산물로 탈VPN이 있는 것이다.

6 사용자나 단말의 적절한 관리와 인증, 접근 제어를 실현할 수 없는 상태에서 업무 애플리케이션을 인터넷으로 이용할 수 있도록 하는 것은 본말전도다. 탈VPN이라고 부를 수는 있어도 제로 트러스트라고는 부를 수 없다.

제로 트러스트를 위협하는 사이버 공격

공격자의 최신 수법을 알아야 지킨다

6장은 사이버 공격의 최근 수법과 조직의 보안이 위협받는 상황을 자세히 살펴본다. 공격자는 어떤 방법으로 침입해 중요 데이터를 탈취하고 금전적인 피해를 주는 것일까?

공격자의 수법은 다양하다. 경계 방어나 제로 트러스트 사고방식에 따른 보안 대책은 사용자, 단말, 데이터 및 업무 애플리케이션을 사이버 공격에서 지키는 방법이다. 많이 보급된 경계 방어는 그만큼 오래 사용됐기에 약점을 노리는 위협이 많다.

구체적으로 위협을 이해하면 제로 트러스트가 얼마나 유용한 것인지 알 수 있다. 단 제로 트러스트로 전환했다고 위협에서 해방되는 것은 아니다. 위협의 핵심을 잘 파악한 방어가 중요하다는 점은 변하지 않는다. 위협을 이해하면 핵심을 잡을 수 있다.

 ## 피싱 사기: 가짜 로그인 페이지로 유도

피싱phishing은 사용자를 가짜 로그인 페이지로 유도해 ID 및 암호 같은 정보를 입력하도록 유도해 빼앗는 사이버 공격 기법이다. 믿을 만한 사람이 보낸 메일로 위장하는 등 수법은 다양하다(그림 6-1). 피싱은 피해자를 능숙하게 속여 '낚아챈다'는 의미다. 낚시의 fishing과 세련이라는 의미인 sophistication에서 유래했다고 한다. 이외에 다른 설도 있다.

피싱 사기는 주로 클라우드 서비스 등의 정보를 노린다. 공격자는 훔친 정보를 사용해 사용자로 위장하고 클라우드 서비스에 부정한 접근을 한다. 전형적인 수법에는 금융기관을 사칭하는 메일을 보내 온라인 금융 서비스의 정보를 훔치고 예금을 인출하는 것이 있다.

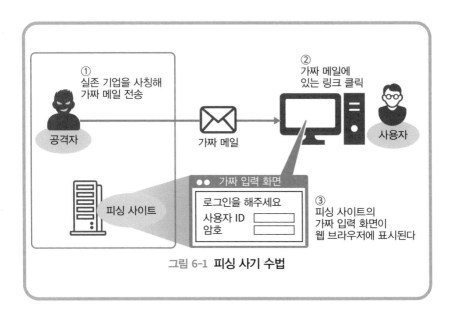

① 실존 기업을 사칭해 가짜 메일 전송

공격자

가짜 메일

② 가짜 메일에 있는 링크 클릭

사용자

피싱 사이트

●● 가짜 입력 화면

로그인을 해주세요

사용자 ID

암호

③ 피싱 사이트의 가짜 입력 화면이 웹 브라우저에 표시된다

그림 6-1 **피싱 사기 수법**

최근에는 문자 메시지나 전화로 가짜 페이지를 방문하도록 유도하는 수법도 생겼다. 문자 메시지를 사용한 수법은 문자 메시지와 피싱을 조합해 '스미싱smishing'이라고도 한다. 택배 문자를 가장한 스미싱이 대표적인 예다(그림 6-2). 메시지 안의 링크를 클릭하면 개인 정보를 입력시키는 웹 페이지나 맬웨어를 감염시키는 웹 페이지로 유도한다. 전화를 사용한 수법은 '비싱vishing'이라고도 하는데 '보이스 피싱voice phishing'의 줄임말이다. COVID-19가 확산하면서 VPN에 로그인하는 암호를 노린 보이스 피싱이 연달아 발생해 미국 FBI와 CISAcybersecurity and infrastructure security agency에서 주의를 호소했다(그림 6-3).

경계 방어는 사내 서버의 사용자 인증으로 ID 및 암호만 입력하는 것이 일반적이다. 경계가 사내 서버를 지키고 있어 도달하기까지 수고가 든다. 만약 피싱 사기로 인증 정보를 뺏기더라도 바로 피해로 이어지지는 않는다. 하지만 클라우드 서비스를 이용하는 것이 중심이 될 제로 트러스트에서는 경계 방어일 때 이상으로 피싱 사기를 경계해야 한다. 클라우드의 입구가 될 로그인 사이트에는 누구나 접근할 수 있다. 찾는 것도 어렵지 않다. 암호와 같은 로그인 정보를 빼앗으면 아주 쉽게 위장할 수 있다.

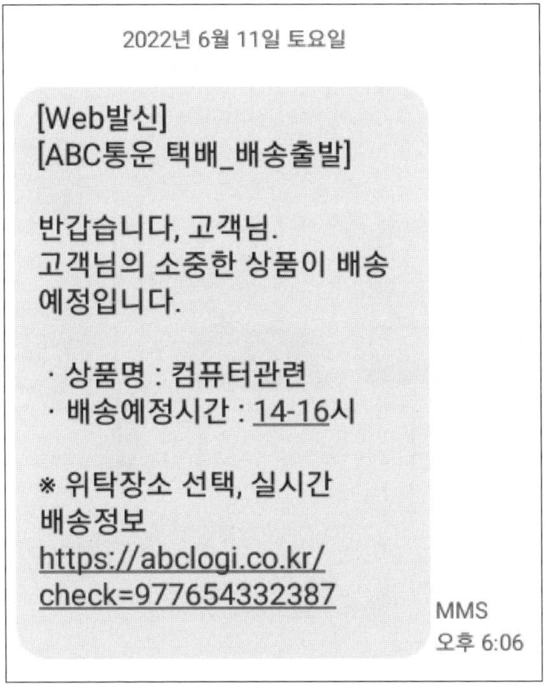

2022년 6월 11일 토요일

[Web발신]
[ABC통운 택배_배송출발]

반갑습니다, 고객님.
고객님의 소중한 상품이 배송 예정입니다.

· 상품명 : 컴퓨터관련
· 배송예정시간 : 14-16시

※ 위탁장소 선택, 실시간 배송정보
https://abclogi.co.kr/ check=977654332387

MMS
오후 6:06

그림 6-2 문자 메시지를 사용한 스미싱 예

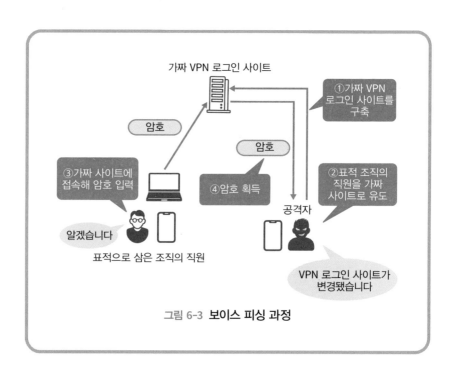

가짜 VPN 로그인 사이트

암호

암호

③가짜 사이트에
접속해 암호 입력

④암호 획득

①가짜 VPN
로그인 사이트를
구축

②표적 조직의
직원을 가짜
사이트로 유도

공격자

알겠습니다

표적으로 삼은 조직의 직원

VPN 로그인 사이트가
변경됐습니다

그림 6-3 **보이스 피싱 과정**

'주의 호소'만으로는 지킬 수 없다

실제로 피싱 사기를 당한 사례가 끊이지 않는다. 암호를 빼앗겨 부정한 목적으로 클라우드에 접근당한 경우가 많다. 미국 CISA는 2021년 1월 몇 가지 사례를 예로 들며 주의를 호소했다.

예를 들어 공격자는 메일을 보내 사용자를 클라우드 서비스의 가짜 로그인 페이지로 유도해 ID 및 암호 등의 정보를 입력하도록 한다. 훔친 정보를 사용해 사용자로 위장하고 메일 등의 서비스에 접근한다. 게다가 훔친 계정으로 사용자와 같은 조직에 있는 다른 사용자에게 피싱 메일을 보낸다. 공격자는 지난 메일을 볼 수 있어 같은 조직의 계정으로 피싱 메일을 보내면 속을 가능성이 높다. 이와 같은 수법을 반복하면 공격자는 조직 내 계정을 하나하나 빼앗을 수 있다.

메일의 전송 규칙을 변경하는 경우도 있다. 공격자는 클라우드 메일 서비스의 전송 규칙을 변경해 조직으로 보낸 모든 메일을 공격자가 받도록 한다. 전송 규칙의 필터링 기능으로 재무 관련 키워드를 포함한 메일만 전송하는 공격도 확인됐다. 공격 당시 스펠링 오타에도 신경을 썼다. 'money'만이 아닌 'monye'도 키워드로 포함한 것이다.

피싱을 막으려면 주의 호소만으로는 부족하다. 진짜와 똑같은 가짜 사이트는 많다. 공격자는 공식 웹사이트에서 그림 등의 소스를 가져와 똑같이 만든다. 도메인 이름을 비슷하게 하는 경우도 많다. 공식 사이트의 도메인이 'example.kr'이라면 'example-kr.com'처럼 '-(하이픈)'을 추가하는 식이다. 가짜 사이트의 서버 인증서를 구매하는 경우도 있다. 이렇게 하면 가짜 사이트도 'https'로 접근할 수 있게 된다. 웹 브라우저는 https로 접근하는 사이트는 신뢰할 수 있다고 열쇠 모양을 표시한다. 사이버 공격을 하고자 서버 인증서까지 구매했을 것이라고는 생각하지 못해 경계심이 줄어들고 쉽게 속는다.

MFA를 뚫는 '중간자 공격'

최근 피싱 사기는 점점 더 교묘해지고 있다. 사용자가 주의하는 것만으로는 피해를 막기 힘들다. 암호 외의 인증 요소를 사용하는 MFA(다요소 인증)가 제로 트러스트에서는 필수다. 만일 피싱 사기를 당해 ID 및 암호를 빼앗겼어도 다른 인증 요소를 빼앗기지 않았다면 부정한 접근을 당하지 않는다. 사실 MFA도 안전하지는 않다. OTP(일회용 비밀번호)가 그 예다. 가짜 사이트로 유도된 사용자가 입력하는 것을 실시간으로 공격자가 감시한다면 OTP도 빼앗기게 된다. 이는 공격자가 피해자와 공식 웹사이트의 중간에 끼어든다고 해 '중간자 공격man in the middle attack, MITM'으로도 불린다(그림 6-4).

OTP 방식은 ID 및 암호를 입력하면 웹사이트에서 일회용 암호를 보내 해당 암호를 입력하면 로그인되는 방식이다. 일반적으로 OTP를 보낼 때는 메일이나 문자 메시지 등이 사용된다. 미리 등록한 메일이나 문자 메시지를 받을 수 있는 단말이 없으면 OTP를 얻을 수 없어 MFA의 요건을 만족한다.

MITM은 공격자가 가짜 사이트에 입력한 정보를 실시간으로 감시해 공식 웹사이트에 전송한다. 피해자가 가짜 사이트에 ID 및 암호를 입력하면 공격자는 해당 정보를 공식 웹사이트에 전송한다. 공식 웹사이트는 피해자에게 메일이나 문자 메시지로 OTP를 전송한다. 피해자는 OTP를 가짜 사이트에 입력한다. 공격자는 해당 OTP를 사용해 공식 사이트에 로그인한다. 실제로 공격자에 의한 암호 전송이나 입력은 자동화된 경우가 많다.

FBI와 CISA는 OTP처럼 사용자가 입력하는 것만으로는 웹사이트에 로그인할 수 없도록 하는 대책을 내놓았다. 접근하려는 단말도 전자 인증서나 하드웨어 토큰, 설치된 소프트웨어 확인 등으로 인증하면 중간자 공격에 대항할 수 있다.

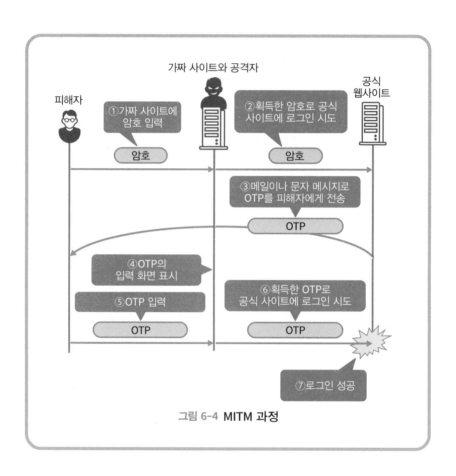

피해자

가짜 사이트와 공격자

공식
웹사이트

①가짜 사이트에
암호 입력

②획득한 암호로 공식
사이트에 로그인 시도

암호

암호

③메일이나 문자 메시지로
OTP를 피해자에게 전송

OTP

④OTP의
입력 화면 표시

⑥획득한 OTP로
공식 사이트에 로그인 시도

⑤OTP 입력

OTP

OTP

⑦로그인 성공

그림 6-4 **MITM 과정**

전 세계 누적 125억 달러 피해를 준 '비즈니스 메일 사기'

공격자가 피싱 사기로 피해자의 클라우드 메일에 접속한 후 이차 피해로 우려되는 것이 비즈니스 메일 사기business email compromise, BEC다. BEC란 거래처나 상사 등을 사칭한 가짜 메일을 재무 담당자에게 보내 공격자의 계좌로 금전을 입금하도록 하는 사기를 의미한다. 온프레미스로 메일 서버를 운영했던 때와 비교해 클라우드 메일을 이용하는 제로 트러스트는 믿을 만한 사람이나 기업으로 위장한 메일을 받기 쉽다. 제로 트러스트는 이전보다 더욱더 BEC를 경계해야 한다.

BEC가 유명해진 것은 2013년 후반이다. 《포춘fortune》에 따르면 구글과 페이스북은 2013년부터 2015년까지 합계 1억 달러 이상의 손해가 BEC 때문에 생겼다고 한다. 강 건너 불 보듯 구경만 할 수 없다. 일본 항공사인 JAL은 2017년 12월에 38억 원 상당의 피해를 봤다고 발표했다. 미국의 인터넷범죄신고센터인 IC3에 따르면 2013년 10월부터 2018년 5월까지 발생한 전 세계의 BEC 건수는 78,617건이며 손실액은 125억 달러에 달한다고 한다.

BEC에서 공격자가 위장하는 것은 ①거래처, ②상사(경영자), ③변호사나 법률 사무소 등 권위 있는 제삼자다. 거래처를 사칭하는 과정은 다음과 같다(그림 6-5).

공격자는 표적으로 정한 기업(입금하는 쪽)과 거래처(청구하는 쪽)의 경리 담당자가 주고받는 메일을 엿본다. 두 회사의 담당자와 청구 정보를 알아냈다면 먼저 청구 담당자로 위장해 가짜 계좌 정보를 입금 담당자에 전달하고 금전을 입금하게끔 만든다. 공격자는 입금 담당자로도 위장해 '확인하고 있으니 잠시만 기다려주세요'라고 청구 담당자에 전달한다. 청구 담당자가 입금 담당자에게 확인하지 않도록 하기 위해서다. 단 공격자가 입금 담당자로 위장할 수 없으면 생략할 수 있는 과정이다. 게다가 공격자는 다른 청구도 앞당겨 입금하도록 요구해 더 많은 돈을 빼앗으려고 한다.

담당자는 교활한 공격자에게 속는다. '평소와 다른 계좌로 입금해주세요'라고 하면 보통 경계하기 마련이다. 공격자는 '감사가 있어 한시적으로 계좌를 바꿔야 한다'는 이유를 만든다. 미리 준비한 계좌의 명의를 청구하는 쪽의 법인명으로 해 의심받지 않게 한다. 메일도 마찬가지다. 메일에 표시되는 전송자 이름을 청구 담당자로 하고 비슷한 메일 주소로 전송한다. 청구하는 쪽의 법인과 비슷한 도메인을 구입해 전송하는 것이다.

피싱 사기로 청구 담당자가 메일 계정을 빼앗기면 입금 담당자는 청구 담당자가 사기 메일을 보내기 때문에 진짜인지 아닌지 간파하는 것이 거의 불가능하다. 최근에는 비즈니스 메일 사기가 만연한 만큼 사용자가 주의를 기울이는 것이 중요하다. 조금이라도 메일에 이상함을 느낀다면 상대방에게 확인해보는 신중함이 필요하다.

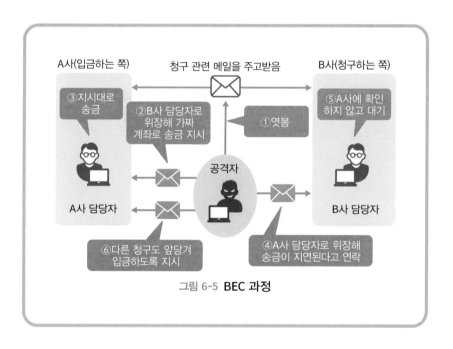

A사(입금하는 쪽)　　　　청구 관련 메일을 주고받음　　　　B사(청구하는 쪽)

③지시대로
송금

②B사 담당자로
위장해 가짜
계좌로 송금 지시

①엿봄

⑤A사에 확인
하지 않고 대기

공격자

A사 담당자

B사 담당자

⑥다른 청구도 앞당겨
입금하도록 지시

④A사 담당자로 위장해
송금이 지연된다고 연락

그림 6-5 **BEC 과정**

맬웨어: 공격자의 뜻대로 작동하는 '나쁜' 소프트웨어

맬웨어도 대표적인 사이버 공격 중 하나다. 나쁘다는 것을 의미하는 malicious와 software를 조합한 조어다. 이전에는 컴퓨터 바이러스나 바이러스라고 많이 불렀다. 하지만 특정 맬웨어를 바이러스라고 부르는 경우가 있다는 점과 질병을 의미하는 바이러스와 혼동할 우려가 있다는 점에서 최근에는 맬웨어로 부른다. 이 책에서도 맬웨어로 통칭한다.

맬웨어는 마이크로소프트의 워드나 엑셀 같은 프로그램이다(그림 6-6). 차이점이 있다면 실행했을 때의 동작 방법이다. 애플리케이션은 사용자에게 이익이 되는 동작을 하며 사용자 의도대로 실행한다.

맬웨어는 공격자가 개발한 프로그램이다. 맬웨어가 실행되면 사용자가 의도하지 않은 유해한(공격자의 의도대로) 작동을 한다. 기본적으로 어떤 작동도 할 수 있다. 예를 들어, 컴퓨터에 보존된 데이터를 훔치거나 컴퓨터 자체를 빼앗는다. 공격자가 빼앗은 컴퓨터를 인터넷으로 원격 조작하는 맬웨어를 '봇bot'이라고 한다.

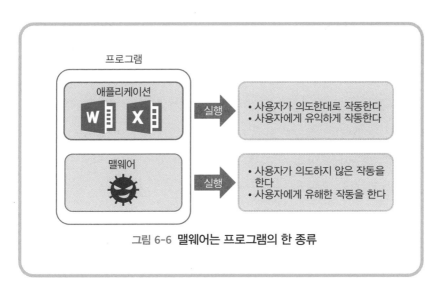

프로그램

애플리케이션

W X

실행 → • 사용자가 의도한대로 작동한다
• 사용자에게 유익하게 작동한다

맬웨어

실행 → • 사용자가 의도하지 않은 작동을
한다
• 사용자에게 유해한 작동을 한다

그림 6-6 **맬웨어는 프로그램의 한 종류**

맬웨어가 바이러스라고 불렸던 것은 다른 프로그램에 맬웨어 자신을 심는 형태가 많았기 때문이다. 숙주가 될 생물을 감염시키는 진짜 바이러스와 비슷하기에 지어진 이름이다. 감염 방법으로 맬웨어를 분류해 '바이러스', '웜worm', '트로이 목마trojan horse' 등으로 구별한다.

네트워크를 경유해 다른 컴퓨터에 맬웨어 자신을 복사하는 방식으로 감염을 확대하는 맬웨어는 '웜'이나 '인터넷 웜'이라고도 한다. 웜은 지렁이처럼 가늘고 긴 벌레의 총칭이다. 네트워크를 따라 퍼지며 다른 컴퓨터에 자신을 증식시키는 개념 때문에 붙여진 이름이다. 트로이 목마는 유용한 프로그램이나 데이터 파일처럼 보이도록 하는 맬웨어다. 그리스신화 트로이전쟁 이야기에 등장하는 '트로이 목마'에서 유래했다. 트로이전쟁 이야기를 보면 목마 안에 병사를 숨겼는데 적군이 목마를 전리품으로 착각해 성 안으로 목마를 끌고 들어간다. 트로이 목마는 트로이전쟁 이야기처럼 유용한 프로그램으로 위장해 사용자를 속이고 사용자 스스로 실행이나 복사하도록 유도해 침입하는 형태다.

바이러스 형태나 웜 형태의 맬웨어는 다른 컴퓨터로 감염을 확대하고자 취약점을 이용한다. 감염에 취약한 기능이 필요하다. 그러나 트로이 목마는 맬웨어에 속은 사용자가 스스로 실행하는 것으로 감염이 퍼진다. 감염에 필요한 기능은 특별히 없어 바이러스나 웜보다 쉽게 개발할 수 있다. 처음에는 바이러스 형태가 많았지만 최근에는 트로이 목마로 분류되는 맬웨어가 압도적으로 많다.

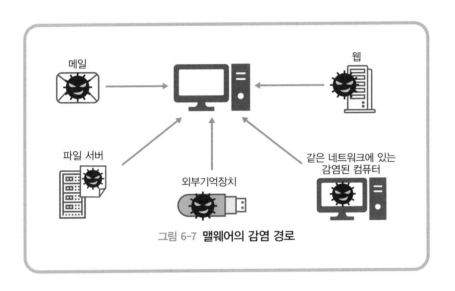

메일

웹

파일 서버

외부기억장치

같은 네트워크에 있는
감염된 컴퓨터

그림 6-7 **맬웨어의 감염 경로**

큰 피해를 발생시킨 고전적인 메일 감염 수법 '이모텟'

맬웨어의 침입 경로는 다양하다(그림 6-7). 2005년까지는 대부분 메일을 경유했지만 현재는 웹을 경유하는 형태가 늘었다. 공격자가 준비한 웹사이트로 사용자를 유도해 접근하면 맬웨어가 다운로드되는 구조다.

메일로 감염을 늘리는 형태의 맬웨어는 첨부 파일을 사용한다. 맬웨어 자체 또는 맬웨어를 다운로드시키는 프로그램이 담긴 메일을 컴퓨터 사용자의 메일로 보낸다. 이제는 고전적인 방법으로 여겨지는 메일 감염형 맬웨어는 최근에도 큰 피해를 주고 있다. 대표적인 예가 '이모텟Emotet'이다. 2014년에 출현한 뒤로 수정에 수정을 거듭해 피해를 넓혀갔다.

이모텟 특징 중 하나는 다른 컴퓨터가 감염되도록 메일을 전송할 때 실존 기업이나 인물로 위장한다는 점이다. 컴퓨터가 감염되면 컴퓨터에 있는 메일 소프트웨어mail software의 설정 정보나 과거 메일을 읽어내고 해당 정보를 취합해 전송 장소를 속인다. 사용자의 과거 메일을 읽어 다음 목표물과 주고받은 메일의 답변으로 가장하는 경우도 있다.

자동으로 아주 교묘하게 위장하는 이모텟이기에 많은 사용자가 평소와 같은 메일을 받고 첨부 파일을 열어 감염되는 일이 끊이지 않았다. 또한 직원이 이모텟 침입을 받으면 자사명을 사칭한 위장 메일을 보낼 수도 있다. 감염이 확인되면 '당사를 사칭한 스팸 메일에 주의하세요'라고 호소해야만 했다.

이모텟은 더 많이 감염되도록 마이크로소프트의 워드 문서를 사용하기도 한다(그림 6-8). 워드는 중요한 업무 도구 중 하나다. 대부분 사용자는 워드 파일을 조심하지 않는다. 메일에 워드 파일을 첨부해 거래처와 주고받는 일도 흔하다.

이모텟이 보낸 워드 파일에 맬웨어 자체는 포함되지 않지만 이모텟을 다운로드해 감염시키는 매크로 프로그램(이하 매크로)이 포함됐다. 단 초기 설정대로면 이모텟 매크로가 포함된 워드 파일을 열더라도 워드가 매크로를 자동으로 실행하지 않는다. 업무 때문에 매크로가 자동으로 실행되도록 했거나 사용자가 의도적으로 활성화하지 않는 한 이모텟에 감염되는 일은 없다. 이에 공격자는 매크로를 활성화하게끔 요청 문장을 적는다. 파일을 연 사용자가 해당 문장을 읽고 [콘텐츠 사용] 버튼을 클릭하면 이모텟에 감염된다.

이모텟의 피해를 확대시킨 'PPAP'

이모텟은 모듈(프로그램 부품)을 추가하면 기능이 확장되는 모듈형 맬웨어이기도 하다. 등장한 이후 다양한 모듈이 추가되면서 기능이 확장됐다. 2020년에는 암호가 설정된 ZIP 파일로 첨부 파일을 압축하는 기능의 새로운 모듈이 추가됐다.

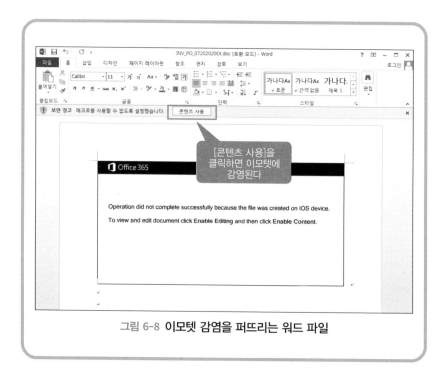

그림 6-8 **이모텟 감염을 퍼뜨리는 워드 파일**

첨부 파일을 ZIP 파일로 암호를 설정해 압축하면 파일이 암호화된다. 파일이 암호화되면 인터넷과 내부 네트워크의 경계에 설치한 안티바이러스 제품(안티바이러스 게이트웨이)이 이모텟에 감염된 매크로를 탐지하기 어려워진다. 사용자에게 안티바이러스 게이트웨이를 통과한 감염 메일을 전달한다. 암호가 설정된 ZIP 파일이 첨부된 메일에 암호가 적혀 있다. 암호화된 첨부 파일 수법 때문에 이모텟 피해가 더욱 확대됐다.

많은 기업과 조직이 업무에 필요한 파일을 암호로 설정해 ZIP 형식으로 압축한 후 메일에 첨부한다. 암호가 설정된 ZIP 파일을 메일로 보내고 암호는 다른 메일로 보낸다. 이는 실수로 다른 상대방에게 첨부 파일을 보내더라도 파일을 열 수 없으니 안전하다는 이론이다. 보안성이 높다고 생각하는 이 과정을 일부 보안 전문가는 오히려 문제가 많다고 지적했다. 인터넷에서 화제가 된 동영상 'Pen-Pineapple-Apple-Pen'에서 이름을 따와 PPAP라고 이름 짓고 PPAP 과정을 조심해야 한다고 주의를 줬다(그림 6-9).

Password 설정된 ZIP 암호화 파일을 보냅니다.

Password를 보냅니다.

Amhohwa(암호화)[1]

Protocol(프로토콜)

---

1   [옮긴이] 원문은 Aん号化(暗号化)다.

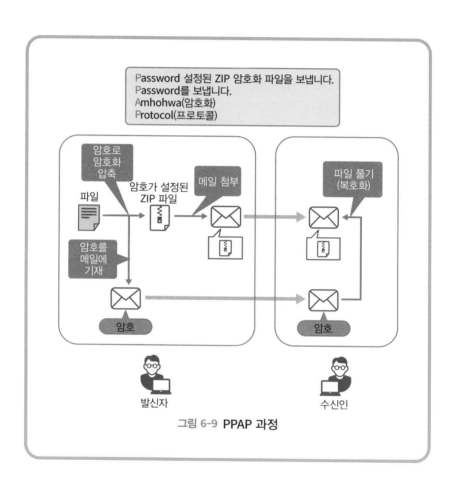

그림 6-9 **PPAP 과정**

문제는 암호가 설정된 ZIP 파일이 게이트웨이와 메일 서버의 맬웨어 확인 절차를 피해 간다는 점이다. 파일이 암호화됐기에 압축 파일에 맬웨어가 있어도 탐지할 수 없다. PPAP 방식을 채택한 기업과 조직은 이모텟과 같은 맬웨어에 피해를 보기 쉽다.

2020년 11월 일본 정부는 보안 전문가의 지적을 받아들여 암호가 설정된 ZIP 파일의 메일 전송을 중앙관청에서 사용하지 않기로 했다고 발표했다. 클라우드 회계 소프트웨어를 개발하는 프리freee도 암호가 설정된 파일의 메일 수신을 2020년 12월 1일부터 폐지했다.

PPAP 장점에는 잘못된 메일 전송 및 해킹을 방지할 수 있다는 것이 있다.

먼저 잘못된 메일 전송을 방지할 수 있다는 장점을 보자. PPAP에서는 파일을 첨부한 메일과 암호를 기재한 메일 모두 없으면 파일을 복호화할 수 없다. 한쪽의 메일을 잘못 보내도 정보는 유출되지 않는다. 그러나 PPAP 방식을 채택한 대부분 기업과 조직은 자동으로 첨부 파일을 암호화하고 암호는 다른 메일로 전송하는 PPAP 지원 제품을 사용한다. 이때 메일 주소를 틀리게 적으면 해당 메일 주소로 첨부 파일을 포함한 메일과 암호를 적은 메일이 보내진다.

암호를 수동으로 입력한다면 어느 한쪽을 잘못 보낼 가능성은 있지만 많지는 않다. 수동 입력 시 잘못 입력하면 양쪽 모두 함께 틀리는 경우가 많다. 이를 이유로 들어 PPAP 방식은 잘못된 메일 전송 대책으로 기능하지 않는다는 주장이 있다.

통신 경로의 해킹을 방지할 수 있다는 장점을 보자. 다양한 기기를 경유해 메일을 보낸다. TLS 등으로 보호되지 않은 경로를 지날 가능성이 있다. PPAP는 데이터를 암호화해 해킹당해도 내용을 읽을 수 없지만 암호가 설정된 파일을 해킹당한 상황에서는 같은 경로를 흐르는 암호도 해킹당할 가능성이 높다. 그러나 현재 메일이 통과하는 대부분 통신 경로는 보호되고 있다. 통신 경로를 흐르는 데이터를 해킹하는 것은 쉽지 않다. PPAP 방식을 채택하는 이유로 보기에는 설득력이 약하다.

2021년 1월 이모텟은 미국과 유럽의 사법기관 노력으로 사실상 종식됐다. 이모텟에 명령이나 모듈 등을 전송했던 서버가 몰수되고 일부 관계자도 체포됐다. 게다가 기관 당국은 몰수한 서버를 사용해 활동하는 이모텟에 새로운 모듈을 보냈고 작동하지 않도록 업데이트했다. 즉 이모텟을 무력화했다. 이모텟에 감염돼 서버로 접근하는 단말을 인터넷 서비스 제공자internet service provider, ISP 등을 사용해 통보한다. 이모텟이 다른 맬웨어를 감염시키고 있을 가능성이 있기 때문이다.

종식됐다고는 하나 안심하기는 이르다. 공격자는 이모텟이 준 큰 실적을 잊을리 없다. 이모텟 수법을 사용한 맬웨어는 반드시 다시 출현한다. 이모텟 같은 맬웨어 감염이 확대되지 않도록 PPAP 방식을 없애는 것이 바람직하다.

웹 접근만으로 맬웨어에 감염되는 '드라이브 바이 다운로드 공격'

웹을 경유한 맬웨어 감염의 대표적인 예시는 드라이브 바이 다운로드 공격drive-by download attack이다. 공격자는 웹사이트에 함정을 만들어 사용자가 접근하기를 기다린다. 함정이란 웹 브라우저의 취약점 및 보안상 결함(버그)을 공격하는 프로그램을 의미한다. 소프트웨어 개발사는 꼼꼼하게 개발하지만 예상 밖의 결함이 포함될 수도 있다. 그중 사이버 공격으로 악용될 수 있는 취약점은 보안상 결함이다.

소프트웨어 개발사는 취약점을 발견하면 보안 패치를 제공해 취약점을 해결한다. 하지만 사용자가 보안 패치를 적용하지 않으면 공격자는 이를 이용한다. 소프트웨어 개발사도 발견하지 못한 취약점을 공격자가 발견하는 경우도 있다. 소프트웨어 개발사가 인지하지 못해 보안 패치를 제공하지 못한 취약점을 '제로 데이 취약점', 제로 데이 취약점을 뚫은 공격을 '제로 데이 공격'이라고 한다.

취약점의 종류는 다양하다. 그중 접근한 것만으로 맬웨어를 다운로드해서 실행하는 취약점도 있다. 이런 취약점을 공격하는 것이 드라이브 바이 다운로드 공격이다. 취약점이 있는 웹 브라우저로 공격자가 준비한 웹사이트에 접근하기만 하면 맬웨어에 감염된다.

공격자는 가짜 웹사이트로 사용자를 유도하는 방법은 무엇일까? 대표적인 예로 2009년부터 2010년에 걸쳐 맹위를 떨친 '검블러Gumblar'가 있다. 기업과 조직이 운영하는 공식 웹사이트에 침입해 개조하는 수법이다. 공식 웹사이트에 접근한 사용자를 드라이브 바이 다운로드 공격의 함정을 만든 웹사이트로 리다이렉트시키는 것이다(그림 6-10).

구글이 제로 트러스트를 도입한 계기인 사이버 공격 '오퍼레이션 오로라'도 드라이브 바이 다운로드 공격을 사용했다. 오퍼레이션 오로라는 당시 많이 사용한 웹 브라우저인 인터넷 익스플로러의 제로 데이 취약점이 악용됐다. 오퍼레이션 오로라는 구글을 비롯한 여러 IT 대기업을 노렸다. 특정 기업이나 조직을 노린 공격을 표적형 공격이라고 한다. 그중 하나인 표적형 드라이브 바이 다운로드 공격을 '워터링 홀 공격watering hole attack'이라고 한다.

드라이브 바이 다운로드 공격과 워터링 홀 공격의 차이점은 공격 대상이다. 일반적인 드라이브 바이 다운로드 공격은 유명한 웹사이트를 발판으로 삼아 불특정 다수를 공격 대상으로 한다. 워터링 홀 공격은 특정 기업의 직원으로 공격 대상을 좁히고 자주 접속하는 웹사이트를 조사해 함정을 만들 웹사이트를 엄선한다. 2013년부터 워터링 홀 공격이 활발했는데 공표된 것은 별로 없지만 여러 번 피해를 본 기업이 있다고 알려졌다.

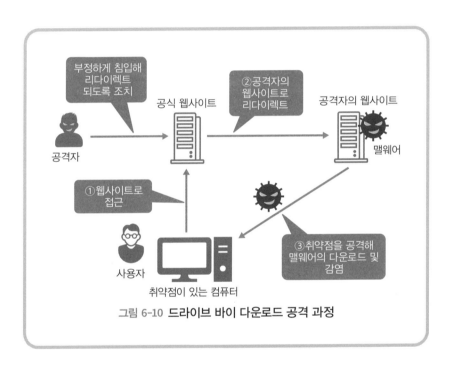

그림 6-10 **드라이브 바이 다운로드 공격 과정**

정식 보안 패치나 업데이트를 바꾸는 '공급망 공격'

공급망 공격supply chain attack도 웹을 경유해 맬웨어를 보내는 수법 중 하나다. 소프트웨어 개발사의 서버를 빼앗는 등 정식 패치 파일이나 업데이트 프로그램에 맬웨어를 심어 사용자의 컴퓨터로 보낸다. 소프트웨어가 사용자에게 공급되는 경로(공급망)로 공격한다고 붙여진 이름이다. 2020년 12월 솔라윈즈SolarWinds의 네트워크 관리 소프트웨어 '오리온 플랫폼'이 공격을 당하면서 미국의 대기업 및 정부 기관이 피해를 봤다. 다른 나라의 기업도 피해를 봤을 가능성이 있다.

두 종류의 공급망 공격이 있다(그림 6-11). 하나는 공격 목표로 삼은 기업의 주변 기업을 노리는 공격이다. 제품 및 서비스 공급망과 관련 있는 계열사나 자회사, 거래처 등의 주변 기업을 공격해 해당 기업들을 발판 삼아 목표로 하는 기업에 침입한다. 다른 하나는 IT 기기, 소프트웨어의 개발이나 유지보수 과정을 악용하는 공격이다. 기기나 소프트웨어를 제공한 곳에 침입해 맬웨어를 심는다.

기기 및 소프트웨어의 패치 파일을 배포하는 서버에 침입해 맬웨어를 패치 파일에 심는 공격 패턴도 있다. 정식 서버에서 배포한 패치 파일에 맬웨어가 포함돼 방어하는 것이 힘들다. 웹을 경유한 맬웨어 공격에 해당하는 것은 기기 및 소프트웨어의 배포처를 노린 공급망 공격이다. 전자와 후자를 구별하고자 후자의 공급망 공격을 '소프트웨어 공급망 공격software supply chain attack'이라고 한다.

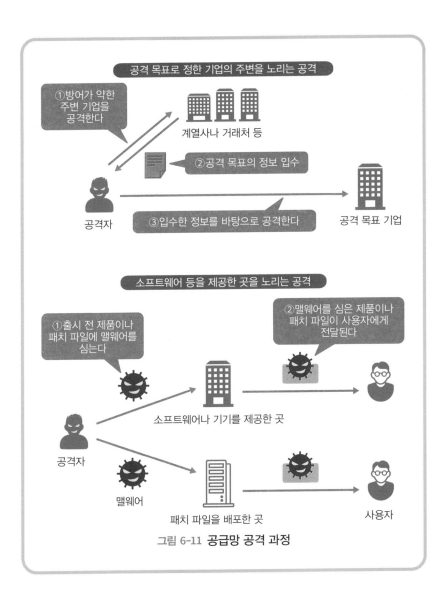

그림 6-11 **공급망 공격 과정**

데이터를 암호화하고 금전을 요구하는 '랜섬웨어'

프로그램의 하나인 맬웨어는 사용자가 실행하도록 유도하거나 취약점을 공격해 한 번 실행되면 일반 프로그램처럼 어떤 동작이라도 할 수 있다. 지금까지 다양한 맬웨어가 나타났지만 최근 큰 위협으로 떠오른 것이 랜섬웨어ransomware다. 컴퓨터에 보존된 데이터를 마음대로 암호화해 이용할 수 없도록 하는 맬웨어를 의미한다. 복호화하는 데 필요한 키(암호)나 도구를 원하면 금전을 지불하라고 요구한다(그림 6-12). 몸값을 뜻하는 랜섬웨어는 데이터를 인질로 삼아 몸값을 요구하는 맬웨어다.

랜섬웨어는 1989년에 출현해 역사가 긴 맬웨어다. 2005년에는 'Gp코드GpCode'라고 명명된 랜섬웨어 피해가 확인됐다. 이후로도 피해는 계속 보고됐지만 화제가 되지는 않았다. 최근 랜섬웨어 피해가 늘어난 이유는 공격자가 '몸값'을 안전하게 받을 방법이 생겼기 때문이다. 익명 통신인 '토어the onion router, Tor', 비트코인bitcoin으로 대표되는 가상화폐의 보급이다. 이전에는 피해자와 연락하거나 돈을 받을 때 신분이 노출될 가능성이 높아 랜섬웨어를 사용하는 공격자가 많지 않았다.

하지만 토어나 비트코인을 사용하면 신분이 노출되는 것을 최소화할 수 있다. 최근 대부분 랜섬웨어는 통신은 토어를, 몸값 지급은 비트코인을 사용하도록 지시한다. 이전까지만 해도 랜섬웨어는 미국 등 해외에서 확인됐으며 주로 영어권 기업이나 조직이 표적이었다. 최근 랜섬웨어는 더 많은 나라를 노리고 있다. 이전에는 몸값을 요구하는 문장도 영어였지만 지금은 다른 언어로 협박하는 랜섬웨어도 많아졌다.

대표적인 예가 2017년 5월에 출현한 '워너크라이WannaCry'다(그림 6-13). 대부분 기업이 피해를 봐 대대적으로 보도됐다. 랜섬웨어가 널리 알려진 이유다.[2]

---

2   올긴이 최근에는 돈만 지불하면 언제든 랜섬웨어를 구매해 공격할 수 있는 RaaS(Ransomware as a Service, 서비스형 랜섬웨어)도 등장했다.

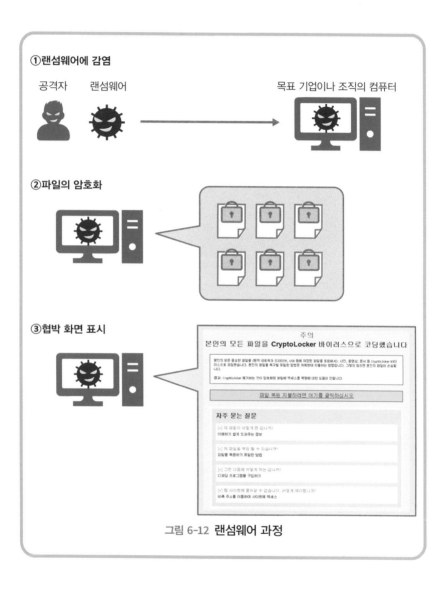

그림 6-12 랜섬웨어 과정

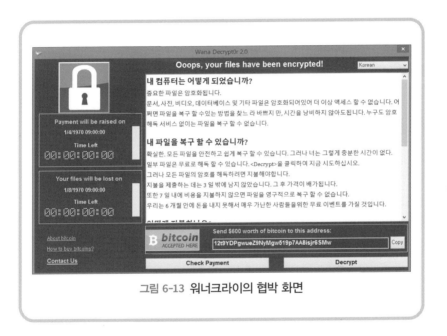

그림 6-13 워너크라이의 협박 화면

빼앗은 데이터를 마음대로 공개하는 '폭로형 랜섬웨어 공격'

랜섬웨어 피해가 계속되자 데이터의 백업 체계를 갖추는 기업이 많아졌다. 백업 데이터가 있으면 공격자가 데이터를 암호화해도 복구할 수 있다. 즉 몸값을 주지 않아도 된다. 그러자 랜섬웨어 공격자는 방어 체계를 갖춘 기업에서도 몸값을 받으려고 기업의 내부 정보가 포함된 데이터를 인터넷에 공개하겠다고 협박한다. 이를 폭로형 랜섬웨어 공격이라고 한다.

공격자는 폭로형 랜섬웨어 공격에서 랜섬웨어로 암호화하기 전에 데이터를 훔친다. 몸값을 내지 않으면 데이터를 복호화하는 데 필요한 정보를 주지 않을 것이며 해당 데이터를 인터넷에 폭로(공개)한다고 협박한다(그림 6-14). 암호화뿐만 아니라 데이터를 공개한다고 이중으로 협박하기에 '이중 협박형 랜섬웨어 공격'이라고도 한다.

공격자 그룹에 따라 피해자와 협상하지 않고 훔친 일부 데이터를 '증거'로 공개하기도 한다(그림 6-15). 이후 몸값을 내지 않으면 나머지 데이터도 공개한다고 협박한다. 공격자는 몸값을 낸다면 나머지 데이터를 공개하지 않고 공개된 데이터도 삭제한다고 약속한다. 그러나 그 약속을 지킨다는 보장은 없다.

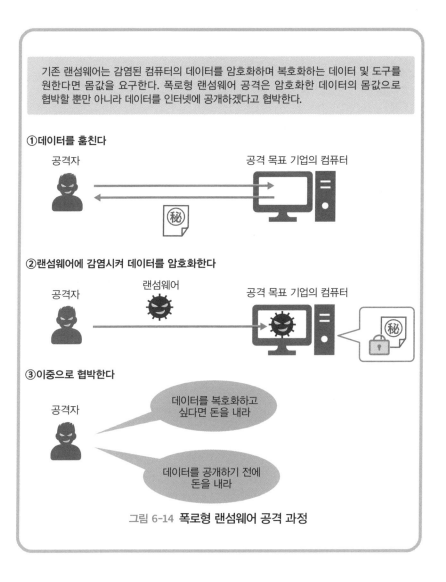

기존 랜섬웨어는 감염된 컴퓨터의 데이터를 암호화하며 복호화하는 데이터 및 도구를 원한다면 몸값을 요구한다. 폭로형 랜섬웨어 공격은 암호화한 데이터의 몸값으로 협박할 뿐만 아니라 데이터를 인터넷에 공개하겠다고 협박한다.

①데이터를 훔친다

공격자

공격 목표 기업의 컴퓨터

㊙

②랜섬웨어에 감염시켜 데이터를 암호화한다

공격자

랜섬웨어

공격 목표 기업의 컴퓨터

㊙

③이중으로 협박한다

공격자

데이터를 복호화하고 싶다면 돈을 내라

데이터를 공개하기 전에 돈을 내라

그림 6-14 **폭로형 랜섬웨어 공격 과정**

사이버 공격자 그룹 메이즈(Maze)의 웹사이트. 표적으로 삼은 기업 및 조직의 데이터를 암호화할 뿐만 아니라 암호화 전 데이터를 훔쳐서 웹사이트에 공개한다. 삭제하길 원한다면 몸값을 요구한다.

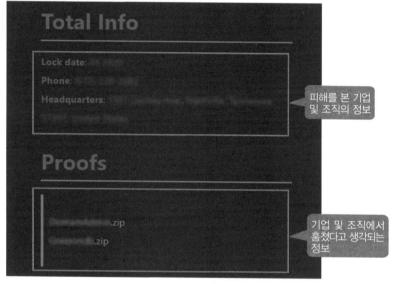

그림 6-15 암호화 전 데이터를 공개해 협박

VPN을 경유한 침입: 보안 패치를 적용하지 않은 VPN 제품을 노린다

사내 네트워크 침입은 가장 큰 위협 중 하나다. 외부 네트워크에서 사내 네트워크에 침입해 컴퓨터에 있는 중요한 정보를 훔친다. 최근 COVID-19가 확산하면서 다시 위험도가 높아졌다. VPN을 이용하거나 원격 근무가 늘었기 때문이다.

외부에서 접근할 수 있도록 하는 맬웨어 수법이 많이 사용된다. 사내 네트워크로 메일이나 웹사이트를 사용해 맬웨어를 보내는 방식으로 침입한다. 네트워크와 인터넷 경계에 설치한 VPN 제품의 취약점을 악용하면 맬웨어를 사용하지 않고도 사내 네트워크로 침입할 수 있다(그림 6-16).

최근 COVID-19에 걸리지 않고자 출근하지 않고 일하는 원격 근무가 권장되고 있다. 자택에서도 사내 네트워크에 접근할 수 있도록 새로 VPN을 도입하거나 강화하는 기업이 많다. VPN 이용이 늘어나면서 VPN 제품의 취약점을 악용하는 공격도 증가했다. VPN 제품은 경계 방어와 원격 근무의 핵심이다. 취약점을 발견해도 멈추기 어렵다. 이를 공격자가 노린다.

COVID-19가 확산되기 전인 2019년 9월 포티넷Fortinet, 펄스시큐어Pulse Secure, 팔로알토 네트웍스Palo Alto Networks 같은 대형 개발사의 VPN 제품에서 취약점이 발견됐다고 국내외 보안 전문가들은 위험을 경고했다. 각 개발사도 보안 패치를 제공하면서 주의를 호소했다. 하지만 패치 적용은 더뎠고 COVID-19 시대가 됐다. VPN 제품을 악용한 사이버 공격의 피해가 급증했으며 2020년 4월에 국내외 전문가들이 다시금 주의를 기울일 것을 충고했다.

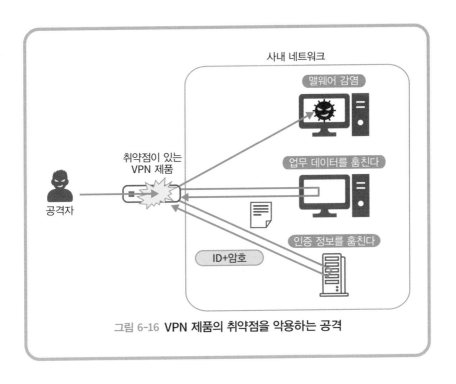

사내 네트워크

맬웨어 감염

취약점이 있는
VPN 제품

업무 데이터를 훔친다

공격자

인증 정보를 훔친다

ID+암호

그림 6-16 **VPN 제품의 취약점을 악용하는 공격**

표준 명령어를 사용해 공격을 파악하기 어려운 '자급자족형 공격'

공격자가 사내 네트워크에 침입했을 경우 문제는 공격자가 침입 후 자유롭게 활동할 수 있다는 것이다. 침입에 성공한 공격자가 사내 네트워크를 휩쓸고 돌아다니는 것을 횡 방향 이동lateral movement이라고 한다. 사내에서의 공격에는 무방비한 경계 방어의 약점이 뚫리게 된다.

최근 횡 방향 이동을 할 때 'LotL 공격living off the land attack' 사례가 늘었다. '환경 기생형 공격'이나 '자급자족형 공격'이라고 한다. LotL 공격을 '자급자족'이라고 하는 이유는 외부에서 공격 도구나 프로그램을 조달하지 않고 침입한 컴퓨터나 네트워크의 공식 도구, 윈도우의 표준 명령어를 사용하기 때문이다. 업무에 사용하는 도구나 명령어를 사용해 사내 네트워크를 조사하거나 외부로 훔친 데이터를 전송한다. 공식 도구나 명령어를 사용해 공격이라는 것을 알아채기 어렵다. 예를 들어 2020년 9월 CISA는 LotL 공격으로 누군가 정부 기관의 네트워크에 침입해 정보를 훔쳤을 가능성이 있다고 밝혔다(그림 6-17).

사내 네트워크의 데이터를 감시하는 IPS나 IDS 기능만으로는 LotL 공격을 알아내기 어렵다. 확실하게 탐지하려면 컴퓨터나 기기의 로그 등을 수집해 분석하는 SIEM이 필수다.

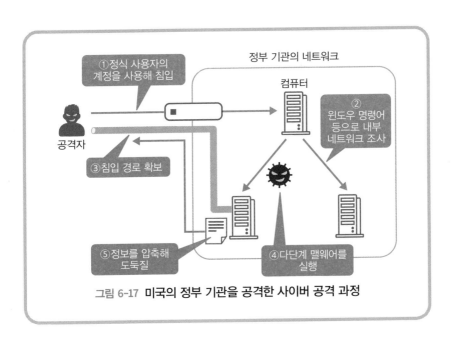

그림 6-17 **미국의 정부 기관을 공격한 사이버 공격 과정**

🗂️ 정리

1 조직에 피해를 주는 보안상 위협, 즉 사이버 공격의 수법을 이해하는 것은 중요하다. 제로 트러스트로 전환했다고 위협에서 해방되는 것은 아니다. 제로 트러스트를 잘 파악해 방어해야 한다. 위협을 이해하면 제로 트러스트의 요지를 알 수 있다.

2 사용자를 속이는 사이버 공격의 대표적인 예가 피싱 사기다. 메일을 보내 가짜 사이트로 유도한 후 사용자가 직접 암호 등을 입력시키도록 한다. 문자 메시지나 전화를 사용하는 수법도 퍼지고 있다. 암호를 빼앗기면 공격자가 사용자로 위장하게 된다. 가장 많은 피해를 준 것이 비즈니스 메일 사기다. 가짜 메일을 재무 담당자 등에게 보내 공격자의 계좌로 돈을 입금하도록 유도한다.

3 맬웨어도 대표적인 위협이다. 메일이나 웹을 경유해 공격 대상인 직원의 단말로 맬웨어를 보내고 침입의 발판으로 삼는다. 맬웨어의 종류는 다양하다. 최근 가장 많아진 맬웨어 종류는 랜섬웨어다. 데이터를 암호화해 이용할 수 없게 만들고 복호화하고 싶다면 몸값을 내라고 협박한다. 더불어 암호화 전의 데이터를 훔쳐서 몸값을 내지 않으면 공개하겠다고 협박하는 폭로형 랜섬웨어 공격도 맹위를 떨치고 있다.

4 공격망 공격의 피해도 끊이지 않는다. 하나는 공격 대상인 기업이나 조직의 계열사, 관련 조직 등을 먼저 노리는 공격이다. 다른 하나는 소프트웨어 개발사의 서버를 탈취해 출시 전 제품이나 패치에 맬웨어를 심어 사용자의 컴퓨터에 보내는 공격이다.

5 COVID-19로 VPN 이용이 급증하면서 부정한 침입도 끊이지 않는다. VPN 제품의 취약점을 악용해 사내 네트워크를 휩쓸고 다닌다. 경계 방어의 약점을 공략한 공격으로 제로 트러스트로 전환하면 효과적으로 대응할 수 있다.

표 6-1 최근의 주요 사이버 공격

종류	설명
피싱(phishing)	가짜 메일을 보내 사용자를 가짜 사이트로 유도한 후 ID 및 암호를 훔친다. 문자 메시지를 사용하는 스미싱, 음성 통화를 사용하는 비싱 등 파생형도 있다.
중간자 공격 (man in the middle attack, MITM)	공격자가 사용자와 정식 웹 서비스의 통신을 중계하는 등 양쪽의 통신을 도청해 정보를 훔친다. MFA으로도 막을 수 없는 경우가 있다.
비즈니스 메일 사기 (business email compromise, BEC)	거래처나 상사 등으로 위장한 메일을 보내 공격자의 계좌로 금전을 입금하도록 유도한다.
이모텟(Emotet)	메일로 감염을 퍼뜨리는 대표 맬웨어다. 첨부한 워드 파일에 심은 매크로로 감염을 퍼뜨린다. 2021년 1월 근절됐다.
드라이브 바이 다운로드 공격 (drive-by download attack)	함정이 있는 웹사이트로 유도해 웹 브라우저의 취약점을 공략한 후 맬웨어에 감염시킨다.
공급망 공격 (supply chain attack)	IT 기기 및 소프트웨어의 패치를 배포하는 서버에 침입하거나 배포를 담당하는 회사에 침입해 정식 패치 등에 맬웨어를 심는다.
랜섬웨어(ransomware)	컴퓨터에 보존된 데이터를 암호화해 이용할 수 없도록 만들고 복구하고 싶다면 돈을 요구하는 등 협박하는 맬웨어다.
폭로형 랜섬웨어 공격	랜섬웨어로 암호화하기 전 기업의 기밀 정보를 훔쳐 일부를 마음대로 공개하고 요구에 따르지 않으면 모든 데이터를 공개한다고 협박한다.
VPN을 경유한 침입	외부에서 접근할 수 있도록 하는 VPN 제품의 취약점을 이용한다. 보안 패치를 적용하지 않은 제품을 노린다.
자급자족형 공격 (living off the land attack, LotL)	침입한 컴퓨터의 공식 도구나 윈도우의 표준 명령어로 공격한다. 맬웨어를 전달하는 것이 아니기에 발견이 어렵다.

찾아보기